JN320308

規制
交通権

航空産業とライフライン

戸崎　肇［著］

学文社

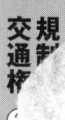

はじめに

本シリーズ（規制緩和と交通権）の第二弾である『タクシーに未来はあるか』が出版されてから（二〇〇八年六月）早や三年の月日が流れてしまった。この間、私事ではあるが勤務する大学を替え、環境の激変にとまどいながらも、何とかここに来てようやく順応を遂げつつある。これがなによりも、ここまで続編の刊行が遅れてしまった理由である。また、同時に、この間はあまりにも交通をめぐる状況が激変し、どの時点でその変化をとらえた論考を作成すべきかの判断がつかなかったことも、執筆が進まなかったことの理由となってきた。

しかしながら、二〇一一年三月に発生した東日本大震災は、その復旧を通して、新たな交通のあり方を考えることを強く求めるものとなった。それゆえに、ここでいったん考えをまとめ、何らかの提言を行っておくことが重要であると考え、不十分ながらも続編の刊行に踏み切った次第である。

また、政権が民主党政権に移ったことも大きな変化であった。従来交通基本法の制定に理解を示してきた民主党が政権を担当することで、この問題にどのような進展が見られてきたのかも、本書の大きな関心の一つである。

本書では、第一章で今回の震災によって明らかになった今日の交通をめぐる問題を総合的にとらえている。ここではライフラインとしての交通の重要性を再確認するとともに、鉄道やトラックなど、個別の輸送モードが震災に際してどのような問題に直面しているのかを見ることで、今後の交通政策のとるべき方向性を示唆している。また、これまで取り組まれてきた交通基本法の策定が、最終的にどのような法案となったのかを巻末に示した。

第二章以降では、本書の主題である航空に関する事項を順次取り扱っている。なぜ航空かという問いに対しては、二〇〇九年の民主党政権誕生以降の日本航空の経営危機、そしてその再建過程が社会的に大きな注目を集めたことや、国際化の進展、その一方での日本の国際競争力の低下が懸念されるなど、航空のあるべき姿をこの時点で検証することが何よりも重要であると考えたからである。そして、二〇一〇年一〇月の羽田空港の新滑走路の供用開始、新国際線ターミナルの開港も、今日、航空のあり方を考えることの重要性を示す重要なイベントであった。

第二章では、日本航空の経営破綻とその後の再建過程を取り上げるなかで、航空産業の現代的特性を分析し、航空会社のあるべき姿を追っていく。

第三章では、現在の航空市場の二極の一方をなしているアライアンスを取り上げる。なぜ現在、アライアンスを形成することが合理的なのか、その問題性は何か、またアライアンスをめぐる状況はどのように変化しているのかを分析していく。

第四章では、もう一方の極をなすＬＣＣ（格安航空会社）について分析する。なぜＬＣＣは航空市場において台頭してきたのか、現状はどうなっているのか、また日本ではどうなっているのかを詳しく見ていくことにする。

第五章では、航空にとってなくてはならない存在である空港の状況を検証していく。ヨーロッパにおいてはネットワーク間競争の現状について、アジアにおいては巨大空港間の競争について、そして日本では収支採算性の問題について取り上げる。

そして最後に、最近になってようやく日本でも注目を集め始めたビジネスジェットの重要性・将来性について分析する。これまでビジネスジェットは首都圏の空港事情、ならびに贅沢品であるとの認識が強く、あまり注目されてこなかったが、今や先進国ではその重要性に対する認識は共通のものとなっている。ビジネスジェットはどのような可能性をわれわれに与えてくれるのか、その効果を最大化するためにはどのようなことを変えていかなければならないのかを具体的にみていく。

本書が交通をみる上での新たな視点を少しでも提供できれば幸いである。

目次

もくじ

航空産業とライフライン

第1章　ライフラインとしての交通——東日本大震災の検証

交通の社会的重要性は、普段の生活においてはあまり意識されることがない。何事もなく動いて当たり前の、いわば空気のような存在としての認識しかもたれていないのが一般的な状況ではないかと思われる。

しかし、二〇一一年三月一一日に東北・関東地方で発生した東日本大震災は、交通機関が壊滅的状況となるなかで、被災地はもちろんのこと、東京などでも「帰宅難民」の大量発生等の問題が起こり、改めて交通がライフラインとして、日常生活においていかに大きな存在であるかということを強く再認識させることになった。

そこでまず本章では、今回の震災の状況を主として交通という観点から概観することで、交通モードごとに、震災の影響からどのような今後の取り組み課題、教訓がみえてくるかを考えてみたい。

1　東日本大震災と公共交通機関

[1] 鉄　道

鉄道網の断絶、運行不能状態の発生は、当該地域の住民生活のみならず、全国的な産業活動にも大きな影響をもたらした。

東北地方では、二〇一〇年末に開業したばかりの青森新幹線が機能不全に陥ったことで、開業に伴う観光効果を期待していた浅虫温泉などの観光地は壊滅的な打撃を被っている。岩手県、宮城県などの沿海部は復旧のめどはたっていないし、東北地方の中心である仙台駅自体の被害が大きく、東北新幹線の復旧に非常に手間取った。(1) そして、こうした鉄道輸送の麻痺は、人びとの行動範囲を寸断し、生活を不安なものに陥れていった。

(1) 鉄道に対する震災被害の越境性

こうした東北地方はもちろんのこと、首都圏の鉄道網の麻痺は、勤務先から自宅に帰ることができない「帰宅難民」の発生、代替交通手段であるタクシーの利用過多による道路の大混雑など、大きなパニックを引き起こすことになった。また、鉄道が復旧する過程においても、どの路線がどの時点で復旧するのかをめぐって情報が錯綜し、事態をさらに悪化させるものとなった。この点については、今回のような非常時における電力配給について、その配給先に関する優先順位づけを交通機関、その路線ごと事前に調査を行っておき、風評によってパニック状態が引き起こされることなく、いざという時でも、利用者が正確な情報に基づいて合理的な判断ができるような体制を整えておく必要がある。

その後においても、計画停電の実施によって大幅に運行頻度が低下することで混雑が深刻なものとなることや、節電のためにエスカレーターが使用できないことで、利用者に大きな不便と混乱をもたらした。また、エレベーターは動いてはいるものの、それを使用することに思いが回らない、あるいはエレベーターがある場所にたどり着くこと事態に困難を感じる高齢者などは、あえて階段を利用することによって、かなり重い肉体的負担を強いられることになっている。緊急時の出勤の必要性についても各企業で精査し、無用な混雑を引き起こさないようにしなければならない。そのためにも、特に大企業では、首都圏のなかであっても拠点の分散化を模索していかなければならない。

こうした被害の「越境性」は、関西などの地域にも至っている。東北地域で独占的に生産されていた鉄道車輌部品の供給が滞ってしまったために、関西地域でも運行本数を削減しなければならない状況に至っている(2)。

この点においては、鉄道各社は業界横断的に部品の供給体制を見直すべきだろう。個別の対応ではコスト的に無理が生じてくるであろうからだ。たとえば、各社が出資して、共同の部品在庫センターを設け、非常時の対応につとめる、といったことがあげられる。

(2) 今後の課題

今後、復旧が遂げられていくなかで、従来のローカル線の問題が改めて表面化してくるだろう。たとえば、青森新幹線の開業に伴う銀河鉄道線の問題である。震災前、青森新幹線の開業に伴って第三セクターに移行した旧東北本線の在来線区間は、大幅な運賃値上げをせざるを得ないことになった。しかも、JRから引き継いだ車輌部品の在庫が希少であるという状況から、いったん部品が損傷してしまえば、運行体系全体に大きな支障が生じてしまうという、いわば、ぎりぎりの状態でのダイヤ編成を強いられていた。そのためもあって、運行頻度は限られることになり、その影響のために東北新幹線との接続が格段に悪くなり、相互の連絡が悪化、場合によっては非常に長い待ち時間を強いられるという、使い勝手の悪いものに一気に変わってしまったのである。これは、地方における生活の質の劣化という意味で大いに問題とすべき事態である。

今回の震災によって鉄道の重要度が改めて評価されるなか、通常の状態に復帰した後でも、これまでとは違った観点で地方の鉄道のあり方について考えていく必要がある。震災後の復興を進めていく際には、ただ単に元の状態に戻そうとするのではなく、これを一つの大きな転換点として、地方の鉄道網のあり方を、交通権の観点から、抜本的に見直していくべきである。

2 タクシー

交通体系が麻痺するなか、強烈な存在感を示したのがタクシーである。その機動性を活かし、特に首都圏において、震災当日は、帰宅難民となる可能性の高かった多くの人びとを救うことに貢献した(3)。

しかし、問題とすべきなのは、タクシーの存在が広く省みられるのはこうした非常時に限られるということである。今回のような「異常時」以外は、タクシーが公共交通機関であるという考え方をする人はまだ極めて少数派であるものと思われる(4)。

今回の震災は、今後日本経済に長期的な影響を与えかねない。タクシーは景気動向に敏感に影響を受ける産業である。今後、景気の影響を受ける期間の長さを考えれば、震災の「特需」の効果はあっという間に吹き飛んでしまい、タクシー事業は、最近やっと政策の見直しによって改善されてきた経営状態がまた一気に危機的な状況へと追い込まれてしまうことになりかねない。実際に、特需の期間はあまりにも短く、長期的不況の影響の兆候はすでに色濃く現れている。

今回、タクシーの公共性が一時的にではあれ、再度痛感されたことを是非とも今後の交通政策に活かさなければならない。タクシーのもつ公共性を重視し、近年進められてきたタクシー事業の適正化の取り組みがいっそう強化されていかなければならない(5)。

３　バス

首都圏から仙台への移動手段が閉ざされるなかで、いち早くその旅客輸送を可能にしたのは高速バスであった。これもタクシーと同様、車がもつ本来の機動性が遺憾なく発揮された結果である。

また、タクシーとは違って、鉄道、あるいは新幹線が復旧を遂げるまで、主たる中・遠距離輸送手段として、長期的に社会的移動需要を満たすことになった。その意味において、バスのもつ公共性は極めて大きいと再評価されるべきであろう。

もちろん、バスの場合にも、後に取り上げるトラックなどと同様に燃料補給の問題はあった。つまり、たとえば道路の緊急車輌優先のための一般車輌に対する封鎖処置が解除され、東京から仙台までバスが運行できるようになっても、帰路の燃料が補給できなければバスを運行することはできない。また、東北地域では、マイカー中心の生活体系であり、マイカーの燃料需要が大きく、救急車などの緊急車輌ならばともかく、バスなどの公共車輌に対する燃料の優先配分を実施しようとしても、心理的にはかなり難しい側面があることも確かである。その結果、場合によっては、公共性の高いバス事業といえども、優先的な給油を行うことには地域の合意形成を得ることが難しいことになる。

とはいえ、高速バスが孤立的な状況になっていた仙台などの地域に、他の地域との移動手段を提供したことで実質的にも心理的にも大きな好影響をもたらしたことは確かである。この点においても、繰り返しとなるが、公共交通機関は社会的にその存在を大いに再評価されるべきなのである。(6)

4 航空

今回の東日本大震災では、航空機が震災地の孤立状態を救うことに大きな効果をもちうることを示した。

鉄道やバスなど、その他の交通機関と比べて、航空の場合には陸上の状態に左右される比率が相対的に低いという特性がある。すなわち、空港さえある程度の機能があれば運航することが可能になるからだ。[7][8]よって、航空各社が震災の影響のなかった、あるいは軽微であった空港と首都圏の間で臨時便を設定したことで、大いに存在感を発揮したことには注目しなければならない。

航空については、本書のメインテーマであるので、次章以下で詳しく論じることにするが、ここでは、当面、震災とのかかわりから、少し先取りした議論を行っておこう。

(1)　地方空港の存在意義をめぐって

東北新幹線が仙台を中心に大きな被害を受け、長期の運行停止を迫られるなか、日本航空と全日空は、いち早く東北圏の空港に臨時便を設定し、東北地域と他地域の人の移動を可能にしてきた。

特に山形空港や福島空港などは、震災の直前まで、どのように空港利用者を増やすか、それによって最悪の「廃港」の措置を逃れるかが真剣に問われているような状態であった。[9]

従来、空港は特別会計という「空港整備特別会計」によって整備されてきた。[10]その結果、バブル経済が崩壊した後では採算性の到底見込めない「過剰」な数の空港が全国に残されたという政策批判が近年声高に行われるようになっていた。そこで、空港の存否をめぐる焦点の一つで従来明かされなかった個別空港の収支を開示し、その経営責任を明確化して、空港の選別を行っていこうとしているなかでの今回の地震発生だったのである。[11]

したがって、航空と今回の震災との関係性に関しては、主にこれまで否定的にとらえられてきた地方空港の存在意義という観点から今後議論が展開されていくことになるだろう。その際に予想されるのは、今回の状況に鑑み、地方空港はいずれも防災的な観点から現状のままに存続されていくべきであるという議論が浮上してくることである。

確かに、空港がこれまであまり考えられてこなかった「防災」といったような機能を含めて、多様な機能をもちうるのだということが評価され、生き残りを真剣に目指す過程で、個々の空港の特徴化が進められていくのは大いに歓迎すべきことである。そのような評価によって、地域の取り組みの多様化も可能になり、日本全体の活性化にもつながってくるだろう。

問題なのは、前述のような方向に進まず、ただ単にこれまでどおり変革をもたらさずに空港を現状のままで存続するための大義名分として震災をとらえ、存続のための格好の材料を確保したとして安心してしまうことである。今後復旧作業が進み、以前と同様な状態に戻った場合、震災以前になされた批判を喚起するもととなった状況と何も変わらなくなってしまい、根本的な赤字体質が改善されないままになってしまうことが危惧される。さらには、防災という観点が今後の地方空港の存続をめぐる議論のなかに付け加えられることになったとしても、それがただ単に存続のためだけの「錦の御旗」になってしまい、果たして防災空港とはどのようなものなのか、あるいは防災空港のあり方が日本のおかれている状況に適しているかを徹底的に検証していかなければ、これもむしろ地方空港の改革を進めていく上では、大きな障害となってしまいかねない。

今後、航空各社は、復旧した東北新幹線など鉄道との競争力から、臨時便を徐々に撤退し、収益性の高い路線に回帰していくだろう。なぜなら、もともと臨時便を設定した空港は、新幹線に対する競争力が低いがゆえに就航便数を減らすか、あるいは運休、撤退してきたのであり、新幹線の復旧後は、当然戦略ももとに戻すからである。

それに、そもそも航空各社は、今回の震災が起こる前から、厳しい経営環境のなかでリストラを徹底的に進めてきており、今回のような臨時便の設定は、極めて例外的な、世論を踏まえた一時的な現象とみなすべきなのである。状況を正確に読み取っていくためには、従来の日本の航空業界の政策的流れ、それに対する航空事業者の取り組みを的確にとらえる必要がある。

さらには、航空業自体、これから長期にわたるであろう震災の経済に与える負の影響によって、大きなダメージを被る可能性がある。いわゆる「自粛」ムードのもとで、経済活動は総体的に負の影響を受けており、景気感応性の高い航空業は、そうした影響を強く受けるからである。

そうした危機的な状況に対処していくためにも、航空各社は、よりいっそう個々の営業活動の見直しを進めていくものとみられる。その一環として、国内就航路線の見直し、つまり、どの路線を復帰させ、どの路線はこれを機会にさらに厳しく見直していくかといった判断が、ますます厳粛に行われていくことになるであろう。地方空港は、震災からの復旧過程において、全体的な経済状況の悪化から、以前にも増して非常に厳しい経営状態に直面せざるを得ないのだ。

とはいえ、次の海運における港湾の問題と同様、空港における「選択と集中」という問題を再度見直すことは、その結果がどうあれ、防災など、あらゆる観点からの議論を再評価して見直し、今後の方向性を修正するために重要なことであると思われる。そのためにも、各地方空港を中心として、そのおかれた地理的状況などを精査し、さまざまな存続のあり方を模索するなかで、これまでの議論以上に、地方空港の存在価値を最大化するための方策を議論していかなければならない。

5 海　運

(1) 港湾整備のあり方

海運は、大量輸送が可能な輸送手段として、最も大きな特徴をもっている。今回は特に、最も緊急性の高い燃料を大量に輸送する手段として海運の重要性が改めて認識されることとなった。

そのきっかけとなったのが、石油各社がおのおの整備していた太平洋側の荷揚げ港が、今回の地震による津波の被害によって使用できなくなり、東北地方への燃料供給が滞ってしまったことである。燃料供給が滞れば、車による陸上輸送が全般的に機能しなくなる。まさに交通の機能を根本から支えているのが燃料輸送ルートなのであり、その根幹をなすのが海運なのである。

このことは、港湾整備計画において昨今行われた「選択と集中」による大型拠点港湾の整備方針にも今後再検討を迫るものとなりうる。リスク分散をインフラ整備においてどこまで行うかという問題である。

また、沿岸地域では液状化現象による被害も甚大なものになった。「シーフロント」としてもてはやされた埋立地区は軒並み液状化の被害を受け、断水などの被害が長引いている。

こうした問題は、一九九五年に起こった阪神淡路大震災の時にも経験済みであった。このときの震災によって、「ジャパン・パッシング」というような現象が世界の海運業界のなかで進み、神戸港の国際競争力は劇的に低下した。こうした物流拠点からの逸脱は、製造拠点としての国際競争力も同時に低下させるものである。

今回の震災は、この時の教訓が完全に活かしきれていないことを示すものでもある。また、液状化が起これば、陸上輸送にも支障を来たし、歩行者にとっても危険な状況を強いることになる。これなどは、都市建設のあり方、特に臨海地区の開発のあり方を根本的に問い直すものである。いわゆる「神戸方式」の問題点について、改めて考え直すべきである。(12)

また、海運については、船員の問題もある。勤務条件の厳しさ、すなわち家を長く離れる、あるいは頻繁に家を空けなければならないこと、といった理由から、海運においては船員の確保が難しくなっている。そのため、中国をはじめとした周辺国から人材の供給を受けているのが実態である。その結果、日本近海の地理的事情に詳しくなく、座礁などの事故が起きる可能性が高まっている。

安全輸送のため、そして今回のような震災対応において海運の重要性が大いに再評価されたのを機会として、人員問題についても今後対応策をより積極的に展開していかなければならない。

(2) 燃料政策の今後について

今回の震災の二次被害として、福島原子力発電所の破損による放射線漏れが極めて重要な問題として国際的にも大きな注目を集めている。これは今後のエネルギー政策のあり方を通して交通政策にも大きな影響を与えうるものとなる。

少なくとも原子力発電については、今後その開発に大きなストップがかかっていくことになるだろう。その代替策としては火力発電の復活が短期的には最も現実的な対応であろう。国際的にみても原子力発電に対する懸念は広がっている。

しかしながら、その一方で二酸化炭素排出量削減の国際動向もあることは確かであり、いつまでも火力発電など、石油等の化石燃料を用いた旧来型の発電に頼ることもできないだろう。

水素エネルギーなどの新エネルギー、または風力発電(13)や地熱発電などによるクリーンエネルギーの開発がこれまで以上に急ピッチで進められなければならない。

とはいえ、原子力について、その可能性をこの時点で完全に否定してしまうのも非現実的なものであろう。原子力について本当に不要なのか、現体制においてどの点が根本的に問題なのか、その冷徹な検証も必要である。感情的な議論にせず、まさに科学的な論議がなされなければならない。今回の放射線汚染における風評被害をみるにつけ、こうした感を強くする。

また、これまで陸上交通では、低公害、エネルギー源の多様化として電気自動車の開発が進められてきたし、現在でもクリーンなものとして大きな期待をもたれている。[14] しかし、これについても、今回の電気の安定供給に問題が生じたことで、今後は新たなリスクとして天災についてもより積極的に政策展開のなかに織り込んでいかなければならないだろう。[15]

6 トラック

(1) 高い機動性

被災地への救援物資の配送において最も期待がかかり、そして実際にその効果を発揮したのがトラック輸送であった。当初は道路の寸断と、緊急車輌制限などから、なかなか十全たる機能を発揮しづらかった面もあるが、徐々にその機能をフルに活かし始めている。

その際、最大のネックとなったのが燃料補給の問題である。たとえ震災地に行くことができても、帰路の燃料補給ができないがゆえに、現地で動きがとれなくなってしまう。このため、支援物資は首都圏などで山積みになっていても、その物資を被災地に有効に送ることができないことになる。震災時、あるいは有時などに必ず大きな問題となるのは、こうしたロジスティクスの問題なのである。

よって、緊急時には食料などの生存のための最低限の物資補給を担うトラックに対して、燃料の優先配分がなされなければならない。

そして、それと同時に、地方におけるマイカー依存度を引き下げていくことの重要性も改めて取り上げられなければならないだろう。マイカーがなければ何もできないという状況が震災後の二次災害を深刻なものとした。この教訓こそが今後に活かされていかなければならない。

また、長期的にみればトラック運転手が不足しているという状況がある。震災が起こる前には、トラック・ドライバーの超過労働の過酷さ、それに伴う過労死が大きな社会問題となっていた。したがって、この際、トラックをめぐるこうした潜在的な問題、顕在的な問題をすべて精査し、その産業基盤をきちんと強化しなければならない。

トラックは、震災時同様、平時においてもコンビニエンス・ストアなどへのジャスト・イン・タイムでの商品配送や、インターネット・ショッピングの商品配送など、すでに日常生活にとってはなくてはならない「ライフライン」として機能している。

そして、荷捌きのためのスペースを道路体系のなかにきちんと織り込んで整備していく必要がある。そうしなければ、渋滞を引き起こし、一般車輌と同様に駐車が禁止されれば、停車中であることを示すために、ドライバーの他に、配送中に車輌内に待機する人員を余分に一人は配置しなければならず、ただでさえ厳しい経営をさらに人件費の面で圧迫することになる。

さらには、渋滞時においても、トラックが効率的に運行できるように普段からそのための空間整備を行っておく必要がある。このことが特に問題として明らかになったのは、高速道路の無料化実験の際であった。一般車輌が高速道路で引き起こした渋滞は、トラック輸送を麻痺させ、物流に大きな支障を来すことになった。

補論　高速道路の無料化の問題

バスの項でも言及したが、高速道路の無料化政策は大きな問題を抱えている。

(1) 公共交通機関への影響

高速道路を無料化することで移動需要はマイカーに吸収されることになる。その結果、鉄道やバスなどの公共交通機関は経営危機にさらされることになる。マイカーのような私的交通機関と公共交通機関との競争条件を整備し、少なくとも両者間で平等な市場での競争が行われるようにしなければならない。たとえば、公共交通に対して補助金を与えることが考えられる。これは、公共性を保障するという観点からも正当化されるだろう。こうした政策が伴われないのであれば、公正な競争とはならず、問題である。

(2) 地域活性化政策への影響

高速道路の無料化は、地方経済の活性化につながると推進する側からは主張されている。たとえば、地方への観光客が増えることで経済が活性化されるし、高速道路への出入口を増やすことで、その周辺に商業スポット的なものが建設され、地域活性化の拠点が多く生まれることになるというのである。また、これまで十分に活用されなかった高速道路の有効活用という大きな意義もあるとする。

確かに、最後の点は重要なものであろう。高速道路がどのように建設されていったかを考えるとき、その根本的な問題は、無駄な道路が多くつくられてきたというものであり[16]その有効活用が図られるということは否定することのできないメリットである。

しかしながら、この問題についても、地方と都市圏では全く事情が異なるものである。地方では確かにこの対策は重要であるが、都市圏では、高速道路は慢性的に渋滞しており、その上に無料化を実施すれば事態をさらに悪化させることになる。高速道路無料化を全国一律に行うことには無理があり、地域ごとの特性を見極めながら、分権的に政策を実施していく必要がある。

また、たとえ都市圏がこのような状態にあるとはいえ、本来高速道路の建設に要した費用は長年の通行料の徴収によって償還されてきたのだから、現在においても通行料を徴収することはおかしいという議論もある。これについても理論的には妥当であるものの、別の観点からいえば、渋滞によってもたらされるコストのほうが重要であり、その損失（機会費用）をいかに最小化するかということのほうが、社会的に重要であるとすることができる。

たとえば、「ピークロード・プライシング」のように、混雑度合いを均等化するよう、混雑時の高い時間帯は通行料金を高く設定し、比較的空いている時間帯は安価な料金を設定する手法の導入である。[17]

(3) 観光振興は可能か

高速道路を無料化すれば、全国各地から観光地に人びとが移動するため、既存の観光地が振興されるだけでなく、新たな観光地も誕生し、地方が活性化されることになるという見通しを立てる向きも多かった。

確かに、一時的に訪問客数が増えるところも出てくるだろう。しかし、その多くは、通過もしくは一時的に滞在するだけに過ぎず、ほとんど地元経済に貢献はしないだろう。むしろ、通過交通の増大によって渋滞が発生したり、排気ガスの影響を受ける、といったような負の影響が大きいのではないかと考えられる。

もちろん、こうした状況をチャンスとし、観光振興につなげることも不可能ではない。しかし、そのためにはプランを練り、他の地域との明確な差別化を行い、かつ何度もそこを訪れるリピーターを獲得していかなければならない。ただ単に訪れやすくなったというだけではだめなのであり、受動的な態度だけでは、次に述べるようなリスクにつながっていくだろう。

(4)　地方内格差の拡大

地方において高速道路が無料で利用できるようになれば、地方のなかでの都市間格差、地域間格差が拡大する可能性がある。

従来であれば、これは主に大都市とその他の都市との間で起こってきたことである。首都圏に経済が一極集中し、地方経済が長期的に衰退している状況では、雇用も首都圏が圧倒的に有利であり、そちらのほうに人が流れていくことになる。経済力の大きいほうに人口が吸い寄せられていくという、いわゆる「吸い上げ効果」である。

これが、地方レベルでも発生するのである。高速道路無料化になれば、人びとのマイカーによる行動範囲が広がり、それまでは通勤圏外だったところが通勤可能になる。そして、有利な雇用条件を求めて、より大きな都市に職を求める結果、以前の地域経済はますます停滞していくことになってしまう。

さらには、マイカーの利用がより広範囲になることで、ローカル鉄道やバスといった、当該地域の公共交通機関の利用率が低下し、経営を苦しめることになる。そして、そのサービスが低下すれば、それに頼らざるを得ない地元の高齢者などは、より厳しい生活環境におかれることになる。買い物に行きたくても自由に買い物に行くことができない、いわゆる「買い物難民」などが発生することになるのである。[18]

(5) 環境政策への影響

そもそも高速無料化をマニフェストの一つの大きな目玉として打ち出した民主党は、同時に環境問題への対策の強化を強く訴えている。鳩山前首相は、就任直後に国際公約として二酸化炭素排出量を二五%削減するとして、国際的に大きな注目を浴びた。それだけ重要な取り組み課題であったはずである。しかしながら、高速道路の無料化と環境対策の実施は、相互に大きく矛盾するものである。何度も言及してきたように、高速道路の無料化はマイカーの利用を促進する。そして、マイカーのような私的交通手段は、環境的にみて最も効率の悪い運送手段である。一人当たりの占有面積が大きく、緊急性も高いとはいえないケースが多い。(19)

したがって、環境対策を進めようとするのであれば、逆にマイカーの利用を抑制し、公共交通の利用を促進する政策を採用すべきであって、高速道路の無料化は、環境対策を強化しようとする社会的流れに逆行しているものである。

（1）二〇一一年四月二五日に東北新幹線は東京―仙台間の運転を再開した。

（2）こうした問題は他の産業でも起こっている国際分業体制が進んだ現在、日本での生産体制の停滞、停止は、他の国々の生産体制にも支障を来すことになる。余震が続き、原子力不安が依然として消えないなか、各国の企業が日本での生産体制に強い懸念をもち続ければ、生産面での空洞化は避けられない。また、農業についても同様であり、すでに風評被害もあって、農作物の輸出は大きな壁に直面することになった。こうした状況は、それ以前から議論されてきたＴＰＰ（Trans-Pacific Partnership; 環太平洋戦略経済連携協定）への参加の是非の問題にも、大きな影響を与えることになるだろう。つまり、現状でＴＰＰに参加すれば、特に日本農業の復興は、海外からの農産物の輸入増加によって相当遅れてしまう、もしくはさらに壊滅的な打撃をもたらされる可能性が出てくる恐れも考慮しなければならなくなったからだ。

（3）もちろん、被災地においては、タクシー事業者も壊滅的な被害を受けた。また、その他の地域においても、たとえば、千葉県浦安市などでは液状化現象による影響が、車輌の破損などのかたちで、タクシー事業者にも及んでいる。路面の悪化はタクシーの安全運行にとって死活問題である。

（4） この点が諸外国、特に近隣アジア諸国との大きな違いであろう。この問題の解決を図ろうとすれば、シンガポールなどで行われているように、マイカーの保有コストを大幅に引き上げ、タクシーを利用したほうが、結果的に生活コストが安くてすむ状況になるように、税制などの措置を講じていくことが求められる。実際、近年の日本では、自動車の共同保有という、タクシー利用に近いかたちのビジネスが導入され、社会的認知を高めてきた。しかし、根本的には、日本の中心的産業である自動車産業は、最も強い政治的影響力をもち、これをどのように遇していくかという問題に集約されるだろう。

（5） 現在タクシー業界では、タクシー特別措置法のもとで適正化、活性化が図られている。地域ごとに協議会が設定され、その取り組みの枠組みが設定され、現在はその効果の評価が行われている段階である。その際、最大の焦点となっているのが、規制緩和と不況が重なった結果もたらされた過剰な台数をどのように適正な水準に戻していくかということである。業界として協調して減車・休車という努力が行われ、行政もそれに最大限協力する体制で臨んでいるが、なかなかこうした取り組みに全事業者が賛同するには至らず、結局のところ、協調行動に従わなかったところが利益を享受しているという実態となっている。こうした動きの経緯については、拙著『タクシーに未来はあるか』学文社を参照のこと。

（6） しかしながら、昨今の高速道路の無料化によって、バス業界は総じて苦しい経営環境におかれている。公共性が高いローカル路線では収益があがらないため、収益性の高い長距離高速路線で稼ぎ、その収益をもって全体の路線ネットワークの運営を支えているというのが実情である。しかしながら、高速道路の無料化は、特に通行のボトルネックとなるような架橋などがあると、休日などは渋滞となり、運行において定時性を確保できない。そのようなこともあり、自分で運転することの移動の自由度の高さを好んでバスよりもマイカーの利用を選択することによって、バス事業者の収益は大きな打撃を受けた。さらには、「ツアーバス」とよばれるバス業者の市場参入の影響もある。規制緩和によって、低運賃を売りにしたツアーバスが相次いで長距離高速路線に参入した。長期化するデフレ、不景気感によって、従来のバス事業者からツアーバス事業者に需要が流れている。しかしながら、こうしたツアーバス事業者が定期バス事業と同様のサービスを行うことは法律違反であり、国土交通省も取り締まりの動きを示したものの、まだ統制はされていない。このように、バス事業者の多くは極めて厳しい経営環境におかれているのが実態なのである。

(7)　もちろん、空港から最終目的地までどのように移動するかというアクセスの問題は残る。

(8)　この点が、途上国の交通開発についても当てはまる。たとえば中国のような広大で、かつ気候的にも多様性にとみ、場所によっては非常に過酷な自然環境にさらされるところを抱える国の場合には、移動手段として鉄道を敷設するよりも、拠点空港を建設することで航空ネットワークを整備したほうがよほど経済合理性にかなうことになる。

(9)　実際に、筆者は震災が発生する一カ月前に東北で地方空港に関する講演を行い、仙台以外の東北圏の空港をどのように存続させていくべきか、あるいは場合によっては廃港の可能性もあるのではないかという問題提起を行った。そして、それに対して会場からは、さほど違和感なくとらえられたという感を強くもっている。

(10)　その後枠組みが変更され、現在は「社会資本整備特別会計」のなかの一つの勘定として位置づけられている。

(11)　こうした取り組みに関しては、国土交通省自体の取り組みに加え、航空事業者、航空研究者、マスコミなどで構成される「航空政策研究会」による取り組みもある。

(12) 神戸方式とは、神戸市が神戸沿岸の宅地開発において山を切り崩し、その土砂で沿岸を埋め立てることで、商業的にも事業を成功させた事例を指す。効率的な都市経営のあり方でかなり注目された。しかし、阪神淡路大震災の発生によって、その評価の見直しが行われる。

(13) ただし、風力発電については、風車が生み出す騒音に周辺住民の身体に深刻な悪影響を及ぼしているという報告もある。

(14) ただバッテリーの処理などの問題は当然あるだろう。

(15) 電気自動車の場合は従来型のガソリン仕様の自動車に比べて制動距離が短く、より安全性に富むという指摘がある。さらに地中に軌道を設けることで遠隔操作も可能となり、都市計画のなかにうまく織り込んでいけば、スマートシティの形成になる。

(16) これは地方空港と同じ構造をもっている。すなわち、特別会計が設定されることにより、安定的な予算が確保されることで当初は必要な道路が適宜建設されていったが、それもある程度整備されると、今度は予算を消化するために、あまり必要度の高くない道路であっても建設されることになる。というのも、予算を使い切ってしまわなければ、その特別会計という制度そのものが不要であるということになってしまい、このシステムの運用によって何らかの便益を享受している者たちにとっては、到底容認できない事態となってしまうからである。また、道路建設を主たるものとして、地方の経済振興政策が、公共工事の発注を通して行われてきたということがある。つまり、ケインズ型政策の実施であるが、その有効性の低下という側面もある。

(17) これは、空港の発着枠の配分の仕方についても応用されている手法である。

（18）この背景には、同じくマイカー利用の増大と公共交通機関の衰退によって、駅前の商店街などが衰退し、マイカーによる来店を前提に、郊外に大型店舗が展開されていることがある。これは、大型店舗の開店をめぐる規制が緩和されたこと、そして、高齢化によって田畑を耕すことができなくなった人びとが放置せざるを得なかった土地を店舗経営者側が非常に有利な条件で長期に賃貸契約を結ぶことで可能となっている。このような出店のあり方は、どのようなコミュニティーを形成していくかを考える都市計画のあり方にも影響を与えるものである。また、駅前店舗の衰退に関しては、当該店舗の経営者たち、そしてその復興計画を練る行政担当者の能力を問う見方もある。こうした復興計画では、とかく大都市で成功している大型商業施設を誘致して振興しようということになりがちである。しかし、大抵の場合は、そうした施設・店舗が実際に地方に出店しても、地元の周辺環境に調和せず、また人材育成も伴わないために失敗し、撤退することが多い。こうした「箱物信仰」から脱却し、既存の店舗などをどうやったら地元の特有の需要に沿うような有効的に利用できるかといったことを考えなければならない。久繁哲之介『地域再生の罠』筑摩書房、二〇一〇年を参照のこと。

（19）こうした観点から、米国などでは、複数が乗車している車輌だけが運行できる車線を設けることによって、マイカーのより社会的効率性の高い利用を促進しているところもある。

2　震災における観光政策と交通政策

第2章以降で航空の問題を考える上で、その前提として、観光政策と交通政策の現状について論じる。

1　観光政策

(1)　観光をとりまく環境の変化

交通と相互補完的な関係にあるのが観光である。[1]観光業は世界のGDPの一割から二割を占める非常に重要な産業であることに注目しなければならない。このことは、後の議論ともかかわるのでここで特記しておく。

一方、このことが観光政策を打ち出す際に難しい状況を生み出すことになる。たとえば、観光業界として振興政策を打ち出そうとしても、旅行業と宿泊業では全くスタンスが異なるので、統一的な行動が取りにくいことがあるからである。

さて、交通は派生需要であり、[2]経済がよくなければ需要は増えず経営は困難となる。したがって、交通機関を運営する企業は、社会的需要に応える一方で、積極的にその利用を促進するような政策も実施していかなければならない。その最たるものは観光である。

震災はこの観光政策にも大きな打撃を与えることになった。特に政府が近年促進してきたインバウンド政策への影響が大きい。政府は、成長戦略のなかにインバウンド振興を大きく位置づけた。インバウンド（inbound）とは、海外から日本を訪れる人の流れをいう（これに対して、日本から海外に出て行く動きをアウトバウンド：outbound という）。

これまで、日本の観光政策の力点はアウトバウンドのほうにおかれていた。高度経済成長期を経て、所得水準が向上するとともに、海外への出国熱が高まったからである。さらに、航空各社がジャンボ機を導入することで航空運賃が低下し、旅行需要をさらに喚起することになった（最近では後に述べるＬＣＣの活躍がさらにこれに加わる）。

しかし、近年は、こうしたアウトバウンドの将来性に限界が感じられるようになった。

一つは高齢化の進展である。これは、確かに一方では、団塊世代が大量に定年による余暇時間の増大によって、観光・旅行需要を押し上げる要因ともなっている。高齢者層のなかでも特に団塊世代とよばれる層は、高度経済成長を成し遂げる過程で犠牲にしてきた私的な時間を取り戻そうと、積極的に老後を送ろうという気概が強くみられる。しかし、その一方で、健康不安、体力不安から、海外旅行から国内旅行へとその嗜好を移しつつあるようだ。また、財政悪化による年金の受け取り額の不安も、当面の消費を抑制させる要因となっている。

もう一つは若者層の嗜好の変化である。以前であれば、海外志向が高く、お金がなくても、あるいは外国語をうまく操ることができなくても、好奇心旺盛に海外に飛び出していく姿が多々みられた。しかし、現在ではいくつかの変化がみられる。

一つは携帯電話の普及である。携帯電話が日常活動に完全に浸透しており、若者にとっては、これがなければ友人たちとのコミュニケーションに大きな支障を来すような状況になっているし、手元になければ精神的パニックに陥ってしまう依存症的な若者の数が極めて多い。また、社会的な側面にしても、アルバイトの募集など、携帯電話を通したものが主流となっており、携帯電話がなければその活動の範囲が狭められることになっている。

したがって、若者層にとっての大きな関心事項は携帯電話を中心としたものとなっており、これを保持するための費用を確保することが第一義的な重要性をもつことになる。また、平和で普段から充足した生活環境におかれているために、あえてそこから飛び出して危険や不便さを感じながら海外に出て行こうという気概がもてないようになっている若者層も多くなっている。

こうした状況下において、国内に観光・旅行需要を大幅に喚起することは難しくなっており、インバウンドにその期待が寄せられるようになったのである。

実際に、国内に多くの外国人が訪れれば、彼らの消費によって国内経済は潤うことになる。特に製造業などが十分に地元経済を潤わせていない地方経済は、多くの外国人観光客による消費によって支えられているのである。これが今回の大震災によって大きなダメージを受けることになったのだ。

(2) インバウンド観光振興のもつ政治的・社会的意義

国がインバウンド観光を促進しようとするのは、単に経済面だけではない。

まずは、不安定化している国際関係を緩和する機能を、国際観光はもっているからだ。マスメディアの進展、特にインターネットの普及は、民主化などプラスの側面を多くもっている一方で、その匿名性から、扇情的な情報発信を可能にし、それが頻繁に行われるようになった結果、政治、社会を不安定化させることにもなっている。

昨今の中近東、アフリカの政情不安の一端は、このような情報化によってもたらされたものと考えられるし、東日本大震災の大きな問題の一つとなったのが風評被害であり、これも同様である。観光は、実際に相手国を訪れることによって、相互理解を促進し、関係を安定化させる効果をもつ。そして、それが長期的に持続する可能性ももたらすのである。

もちろん、これが逆に相手国に対するイメージを損なわせることで、対外関係を悪化さえることもある。だからこそ、観光政策は外交政策として考えても、非常に重要なものである。

ところが、日本では近年に至るまで、本質的には政策的に観光を推し進めることには消極的であった。(3) まず、何よりも余暇活動としての側面だけが注目されてきたからである。明治以来、日本人の価値観は労働に重きをおくものであった。余暇は、労働のために従属すべきものであり、それを真剣に追求するというのは、暇人、あるいは本筋から離れた人として社会的に評価されにくい雰囲気があった。

確かに、海外に出て行くほう（アウトバウンド）に関しては大いに関心がもたれ、政策的にも後押しされてきた。海外旅行者を一〇〇〇万人にしようとする「テンミリオン計画」の実施などはその例である。海外旅行の低廉化によって、渡航者が飛躍的に増加していく。しかし、インバウンドについては、こうした時期においてもあまり省みられることはなかった。その結果、アウトバウンドとインバウンドの人数のギャップは拡大し、一時は四倍にまで至った。

こうした雰囲気が大きく変わったのは、一九九〇年代に入ってすぐに起こったバブル経済の崩壊によってであろう。それまで、会社、仕事を中心として形成されてきた価値観が、その安定性を覆させられることによって、関心が転換し、個人の時間の使い方の見直しへと意向させてきたのである。

政策の現場においても、観光に付随した業界の社会的影響力は小さく、それを管轄することによってもたらされるおもしろみにかけることがあった。

しかし、成長戦略で大きく観光促進が掲げられたことで、観光に対する姿勢は総体的に活性化してきていることは間違いない。

インバウンド促進の大きなターゲットはアジアである。経済成長が著しい中国や東南アジアは特に大きなマーケットである。自然環境からしても、これらの国々にとって日本は魅力がある。それは、四季がはっきりとしていることである。南国の人びとにとっては雪をみることができるという魅力は大きい。また、温泉についても、アジア諸国の間では共通の文化的要素であり、観光政策においては大きなアピール材料となる。ゴルフについても当然ながら大きなセールスポイントである。

さらには、こうした国々では、日本のアニメなど、「ソフトパワー」が浸透している。(4) たとえ相対的にみて日本の物価が高くても、ソフトパワーに引寄せられて、若者だけでなく、購買力をもった多くの人びとが日本を訪れることが期待できる状況であるし、実際に震災前にはそうだったのである。特に成長が著しく、観光客が急速に増大していた中国からの観光振興を図るために、日本国内で「銀聯カード」が使える店舗、場所を増やしてきた[5]。

これに対して、いくつかの項目がイメージ向上のために必要となる。

一つはビザの発給に関する手続きの緩和である。日本への入国ビザを取得するために、いまだに非常に煩雑な手続きを必要としている国がアジアには多い。これをまず緩和する必要があるだろう。もちろん、この問題は不法入国の問題と密接にかかわっているので、無闇に緩和することに対する社会的抵抗は大きいだろう。昨今における犯罪検挙率の低下など、治安面における不安もある。さらには、フランスのように、将来的に国内における民族的対立という事態まで想定されることの恐怖心もあるだろう[6]。

これと関連することであるが、空港における入国管理手続きの迅速化がある。これはどこの国も共通してもっている問題ではあるが、シンガポールのように、この問題をすでに克服している国もある。

入国審査に関する技術開発は、かなりの程度進んできている。個体識別は虹彩などによって可能であるし、こうした技術を利用することを通して、よりスムーズな入国審査を実施し、何時間も待たされるような苦行を、外国人旅行者に強いるべきではない。そして、それをいち早く行えば、現状において、日本の相対的イメージはこれまでよりも数段よいものとなるであろう。

さらにいえば、観光に関する日本独特の慣行を、外国人にとってもっと使い勝手のよいものにしていくことも重要である。

たとえば旅館である。かなり改革に向けた取り組みが行われてきているものの、依然として残っている課題について取り上げてみたい。

まずは食事の問題である。旅館の食事はかなりの場合料金に組み込まれていて、半ば強制的なものとなっている。しかもその内容は過多なものであることが依然として多く、より安く日本文化を楽しみたいと思っている層には、むしろ重い負担となってしまっている。これは国内旅行についても同じである。食事の問題についても旅館は融通性をきかせるべきであろう。

また、一人で利用しずらいということもある。これは、一人では経営上効率が悪いということなのか、あるいは歴史的に一人で旅館に宿泊することは自殺を想起させるがゆえに慣行的に取り扱わないことになっているのか、不明なところはあるが、自由度が大きい個人旅行を楽しみたいという層も多いなかで、一人の宿泊を認めるようにしていかなければならないだろう。特に地方における観光地の落ち込みが激しいなかでは、改革できるものを積極的に模索していかなければならない。こうした事柄は、これまでもいわれてきたことであるが、劇的な改革が行われたといえる状況にまでは、まだ至っていないように思われる。

(3) 日本の安全神話の崩壊

日本を訪れる外国人が日本を目的地として選択する大きな理由の一つが「安全性」であった。もちろん、これまで、この「安全性」という言葉は、おおむね犯罪発生率を指していた。夜間も安心して、女性一人でも出歩けるような環境は、世界広しといえどもいまだに日本くらいのものであろう。こうした安心感を提供できるような環境は、海外からの訪問者にとっても、大きな魅力となってきたことは確かなことであろう。

しかし、今回の震災は、これとは全く違ったかたちで安全性ということに疑問を投げかけたのである。つまり、まさに生存を根本から脅かす地震や津波といった天災を含む「安全性」という観点から、日本の「安全神話」を崩壊させることになってしまったのである。

特に福島原発から漏洩しているとされる放射性物質の問題は大きい。目に見えないだけに、自分では状況が正確に把握できないため、どうしても回りの情報に左右され、正確な判断ができず、各自が疑心暗鬼に陥ってしまうことになるのである。とりわけ、放射能汚染に関する情報については、識者のスタンス、政府の思惑などが錯綜しており、専門家とよばれる人びとの見解にも統一感がない。そうしたなか、さまざまな情報がさまざまなかたちで社会に流れ、人びとの危機感を煽っている。

こうした社会的不安は、当初はパニック状態を引き起こし、日本に滞在している外国人が競うように海外に退去する動きとして現れた。海外への航空便は満席状態が続き、逆に海外から日本に向かう航空便は空席が目立つようになる。各国の大使館のなかには、チャーター便を設定してまで、自国民を退去させた例もあった。これは国内の情報の混乱だけではなく、海外メディアの過剰反応にも起因するものである。

これに伴い、日本に滞在している留学生も大挙して帰国していった。先述のように、国によっては留学生になかば強制的に日本からの帰国を促すところもあった。

こうした動きは、日本の大学の運営にも大きな影響を与えることになった。首都圏を初めとする多くの大学において卒業式や入学式が自粛されると同時に、留学生比率の高い大学では、四月からの授業開始が難しくなり、開始時期を大幅に遅らせざるを得ない状況に追いやられた。

留学の振興は国の相互理解を高めるための人材育成ということにおいて、社会的にも重要な意味をもっており、この面における影響にも十分な留意が必要である(7)。

このように、インバウンドによる国内の経済振興にはこれまで大きな期待が寄せられてきた。しかし、震災の影響によってそのシナリオが大きく狂いつつある。安全神話の崩壊からどのように立ち直るか、今後の日本の国家としての広報戦略が根本的に問い直されている。

(4) 観光業自体の発展

観光業界の発展、成熟も必要な課題である。特に観光業界における人材育成が急務となっている。

観光業への就職人気は一般に高い。大学生の就職ランキングでは、毎年上位に旅行会社が登場する。しかしながら、その労働環境はそれに見合うような高待遇が保証されているわけではない。むしろ、非常に過酷な労働条件のなかで定着率も悪いものとなっているのが現状である。

それは、同じような旅行商品が乱立するなか、運賃の引き下げ競争が進行し、薄利多売によって生き残りを図るのが従来の主流であったからである。

もちろん、これまでも個性的な方針を打ち出し、付加価値生産性を高め、生き残りのための基盤を固めてきた企業も数多く存在する。

旅行業でいえば、特定の目的地だけを扱うところ、海外のスキーツアーや冒険的なものだけを扱うところなどである。これについては後に述べるように、近年の情報化によって従来型の旅行業はなかなか生き残っていけなくなったという事情がある。

また、宿泊業でもさまざまな個性化、差別化の取り組みが進められている。そのなかで、日本では星野リゾートが有名であろう。いわゆる「コーネル・マフィア」(8)の活躍は、日本でも目を見張るものがある。星野リゾートもその一角を占めており、リゾート経営のコンサルタントとして、いくつもの老舗旅館などを再生させてきている。

しかし、こうした存在は、日本ではまだ主流となっていないといわざるを得ない状況にある。まだまだ薄利多売を主として、安さを最大の武器に営業活動を続けている旅行業者、宿泊業者が多い。それにはデフレや情報化の進展の影響が大きいが、後でみるように、人材的な面も大きく寄与している。

(5) 航空会社からの手数料の削減の影響

これまでデフレが長期化するなか、情報手段の発達もあり、航空業者から旅行業者への販売手数料が削減されるようになった(9)。

それまで航空業者は、旅行業者に手数料を支払って営業行為を委託していた。航空業者が自らが広大な市場において、訪問販売など個別に緻密な営業活動を行うには限界があったからだ。そして、従来、航空業者からのこうした手数料は、特に日本の旅行業者にとって大きな収益源であった。

しかし、インターネットが発達し、消費者との個別の接点が構築され、チケットの購入も直接行われるようになると、旅行業者に頼る度合いは減少し、手数料を引き下げていく。この動きはアメリカで先行して起こり、その後世界的に広まっていった。そして、最終的には後に詳しく論じるLCC (Low Cost Carrier：格安航空会社) が市場に登場し、ダイレクト・マーケティングを実施することで旅行業者との関係が根本的に変化していく。航空各社間の価格競争が激化し、既存の航空業者もさらに旅行業者への手数料の支払いを絞っていくことになる。

こうした結果、旅行業者は航空各社からの手数料収入に頼る、いわば航空各社のチケット販売による収入に大きく依存する「代売業者」からの脱却を迫られる。しかし、これは、翻ってみれば、本来の付加価値生産業としての旅行業者に回帰することでもあるのである。

もともと旅行業者は、何もないところから商品を作り出す性格のものである。魅力的な旅行プランを作成し、それを安全かつ円滑に実行できるような体制を整える。移動手段も宿泊施設も本来は自分たちのものではなく、[10]それらを有効にコーディネートすることで付加価値を生み出してきたのである。そうであるからこそ、付加価値を生み出すような人的資源の重要性は極めて大きい。

特に今後の旅行業では、大手総合商社のように、品揃えが豊富で消費者のさまざまな要求に応えていくものと、それ以外の、何らかの得意分野に特化したものに分かれていくだろう。[11]そして、ほとんどが後者のようになることを余儀なくされるものと思われる。

よって、このような旅行業を含めた観光業が今後発展を遂げていくためには、観光業に携わる人材の育成を体系的に行っていく必要がある。そして、それが観光に依存する地方経済の持続的な活性化にもつながっていくことになる。

(6) 観光庁の人材育成プログラム

観光庁は、こうした人材育成の重要性を強く認識し、近年、観光人材育成のためのさまざまな取り組みを行っている。そのなかで特に強調されているのは、従来の大学などでの専門教育において、教育機関が提供する教育内容と、実際の現場で観光産業が求める知識・能力がうまくあっていないということである。特に観光を専門とする学部・学科のカリキュラム、教授内容にその問題があることが指摘されてきた。

日本では、観光研究について、科学的といえるような研究が一般的に行われているとはいいがたい状況にある。多くは教員の体験的なものをそのまま教授するものであり、陳腐化の度合いが早い。また、教育機関は、観光にかかわる教育プログラムとして、大抵は接遇や語学をその中心に据えるが、現在の観光業界で強く求められているのは、語学力はある程度別とすると、たとえば会計学や統計学などといった、専門的な経営能力である。

こうした結果、相互依存的な問題ではあるが、学問分野における観光研究の位置づけも低く、これを扱う学部・学科のいわゆる偏差値も相対的に低くなりがちである。

こうした結果、すでに観光系の学部学科は相当な数が存在するにもかかわらず、その卒業生が実際に観光業界に就職する割合は依然として高くない（表1・1）。

そこで観光庁は、このような両者の需給ギャップを埋めるべく、理想的な観光教育のプログラムの策定に乗り出した。その一つの成果が図1・1のようなものである。

そして、こうしたプランの実践をはかるべく、大学の商学部などと連携し、実際の教育を行っていこうとしている。その成果がどのようなかたちで表れてくるのか、大いに注目されるところである。

(7) 地域における観光振興政策の策定について

地域が今後、効果的な観光振興政策を策定していくためには、これまで述べてきたような、観光政

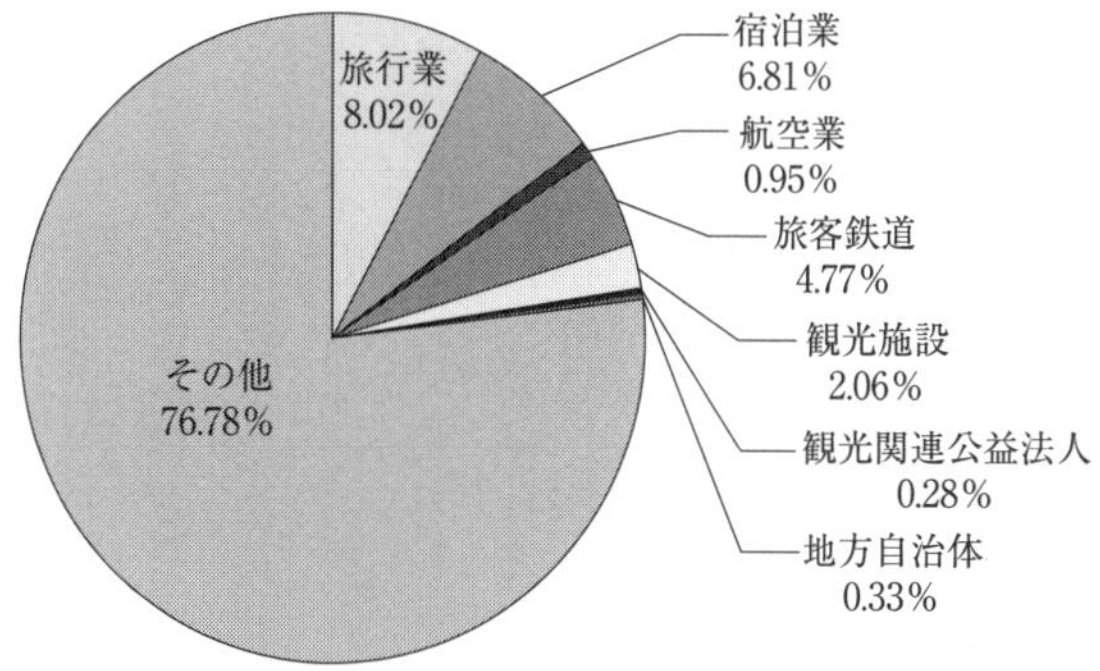

図 1.1　観光関係学部卒業生の進路

注）平成 19 年 3 月　国土交通省調べ（観光関連大学 33 大学へのアンケート調査　観光関連大学卒業生 4,216 名対象（H16 ～ H18 年度計）

出所）観光庁資料

策の策定に携わる専門的な人材の確保が必要である。

従来の地方における観光振興策の策定にあっては、いくつかの問題が指摘できる。まずは、情報発信の稚拙さである。

地方では、青い海や歴史資源など、もともとすばらしい観光素材を取り揃えているのだから、観光客は来て当たり前なのであり、それは少しのきっかけがあればそれで事足りるのだという発想をすることが多い。さらには、そのきっかけとは旅行業者や航空会社によるキャンペーンなどであるとして、こうしたものに大きく依存することになる。

しかし、そもそもあらゆる情報が過多な時代、受身の状態で自らが社会のなかで選ばれるのを待つのは全く理にかなっていない(12)。選択されるための競争はますます激しくなっているのであり、そのためには明確なマーケティングを行い、それを効果的に売り込んでいかなければ

表 1.1　観光経営マネジメント人材育成のためのカリキュラムモデル

分　野	能　力	1年次・2年次…各分野の基礎を学ぶ			3年次・4年次…専門的，業界別の知識・スキルを習得する		
		科目番号	科目名	科目概要	科目番号	科目名	科目概要
経営戦略	企業経営を理解し，戦略立案ができる	1	経営学概論	経営学の基礎と，環境分析や競争戦略など，意思決定を行う際に必要となる概念・手法の理解。	13	サービスマネジメント	ホスピタリティ産業の組織設計，運営手法に関する理解。
		2	経営戦略概論	企業の競争優位を維持し，企業を成長・存続させるためのグローバルな視点での経営戦略の意義と基本的な理念の理解。	14	ホスピタリティ産業の経営戦略論	ホスピタリティ産業に関する経営戦略・全社戦略・事業戦略の策定のプロセスや事業ポートフォリオなどに関する理解。
IT	ITスキルを修得し，業務管理のためにITを活用できる	3	IT概論	情報技術（IT）の基礎（ITコンセプト，機器選択の課題・標準化・効果，セキュリティ等）の理解。	15	ホスピタリティ産業のIT	ホスピタリティ業界のIT（対消費者のためのIT（例：予約システム），経営管理のためのIT（例：会計，財務システム）等）に関する理解。
会　計	会計と，国際会計基準についての知識を習得する	4	会計概論	会計の基礎（簿記・財務諸表（貸借対照表，損益計算書，キャッシュフロー計算書），国際会計基準等）の理解。	16	管理会計	管理会計に必要な知識とスキル（原価計算，損益分岐点分析，ユニフォームシステム等）の習得。
					17	収益管理	収益予測管理，イールドマネジメント，レベニューマネジメントの理解。
					18	企業税務	税務会計の基本構造，課税所得計算，売買損益，棚卸資産会計，固定資産会計等の理解。
財　務	金融・財務についての知識を習得する	5	財務概論	財務の基礎（資金調達・資本政策，企業価値，財務分析，コーポレートファイナンス等）の理解。	19	ホスピタリティ産業の財務管理	ホスピタリティ産業（主にホテル・料飲）で特徴的な財務管理に関する理解。
マーケティング	マーケティングの理念と手法を習得する	6	マーケティング概論	マーケティングの基礎（製品，流通，価格，販促，広告，戦略等）の理解。	20	サービス・マーケティング	サービスの特性（無形性，不可分性，消滅性，変動性）を踏まえたマーケティングに関する知識の習得。
					21	マーケティング調査	マーケティング調査（定量・定性調査），調査設計，結果分析の手法の理解。
					22	ブランド論	ブランド価値の創出，維持，コミュニケーションなどに関する理解。

人事・組織	戦略実現のための組織構築と人事管理について理解する	7	組織行動論	組織文化，組織設計，制度設計，モチベーション，リーダーシップ，コミュニケーション等，組織及び人間行動に対する理解。	23	ホスピタリティ産業の人材管理	ホスピタリティ産業に特徴的な人事管理，組織づくりに関する理解。
					24	リーダーシップ論	管理職として求められるリーダーシップ（リーダーシップの重要性，リーダーシップ技術等）に関する理解。
ビジネススキル	ビジネスに必要な基礎スキル・知識を習得する	8	観光関連法規	ホスピタリティ産業関係の法律（観光立国推進基本法，通訳案内士法，国際観光ホテル整備法，旅行業法，観光圏整備法等）に関する理解。	25	法律概論	民法，商法・会社法・金商法，不動産関連法等，経済活動に必要な法律の理解とリーガルマインドの醸成。
		9	コミュニケーション基礎	オーラル・文書（社内・社外文書）などによるコミュニケーションに関する基礎的な理解。	26	ロジカル・シンキング	管理職・経営者にとって重要な概念理解能力・分析能力の習得。
		10	統計・定量分析手法	データ収集方法，データの品質評価，推計，仮説検証，多変量解析等，基礎的な統計学とTSA等の理解。	27	リスクマネジメント・企業コミュニケーション論	危機管理，CSRの観点を踏まえた社内統制・広報・宣伝戦略に関する理解。
産業論	観光産業の各業界の特徴や潮流などを理解する	11	経済学	マクロ経済・ミクロ経済の基礎の理解。	28	宿泊産業論	ホテル開発における事業計画（フィージビリティスタディ，資産価値評価，更新投資等），運営管理（資産・施設の管理，活用等）に関する理解。
		12	ホスピタリティ産業（入門）	ホスピタリティ産業全般に関して理解。	29	旅行産業論	旅行業界の概要と，旅行会社の運営メカニズム（組織行動，利益構造，マーケティング，ビジネス領域の拡大等）に関する理解。
					30	MICE	商品開発，マーケティング，スタッフの採用・育成，効果分析等，MICE（国際会議，コンベンション等）の運営・管理に関する理解。
専門教養	観光に関する基本的な概念や，観光産業に携わるものに求められる文化的・語学的知識を習得する	31	観光地論	観光地域の形成，観光地の社会学，日本固有の風土論，地域振興，観光地の経済，交流産業等に関する理解。			
		32	日本文化論・歴史論	日本固有の文化（茶道，華道，能楽，歌舞伎等）・歴史の理解。			
		33	英語（語学）	国際的な業務で活躍し得るビジネススキルとしての語学の習得。			

注）科目番号の1～14：必修，15～30：選択科目，31～33：一般教養とのバランスを考慮すべき科目

出所）観光庁資料

ならない。

特にインバウンド観光を志向するのであれば、海外の人びとが何を観光に欲しているのかを相手の立場にたって見極め、それを観光造成のプロセスに反映させていかなければならない。これは国の政策立案過程においても同様である。

たとえば、振興政策の立案については、そのスタッフのなかに、そのターゲットとなるような国の人びとをスタッフとして参加させ、その意見を積極的に検討していくことが求められる。

2 交通基本法

震災前の段階においては、交通基本法がいよいよ国会で審議されるということで、交通関係者の間では大いに注目が集まっていた。

交通政策はこれまで、鉄道なら鉄道法、航空なら航空法といったように、事業別に法律が存在し、それに基づいて個別に政策が実行されてきた。そして、このことが交通体系全体の有機的かつ効率的なネットワークを構築することを阻害していた面があった。そこで、欧米、またアジアでも志向されているような交通横断的な基本法を策定しようという運動が長らく展開されてきた[13]。こうした運動に対しては早い段階から民主党や社民党が理解を示し、運動を支えてきた。そして、民主党政権が誕生したことで大きな転換点を迎え、交通基本法の法制化に向けて実際的に動き出した。交通基本法制定のための審議会が組織され、そのなかで審議が進められてきた。そして、震災前の時点では、閣議提出、国会審議といった、法制化に向けた最終段階を迎えつつあったのである。

したがって、震災がなければ、交通基本法が国会に上程され、成立する見込みが大きかった。しかし、震災によって国会が緊急モードになってしまったため、交通基本法をめぐる審議も先送りになってしまったような感が強い。これは事態の緊急性ということを考えれば、確かにいたし方のないことであろう。しかしながら、これまで述べてきたように、震災の結果をみれば、いかに交通政策がそのなかでも重要なものであり、交通の機能を十全としたものとし、最大化するためには、交通のモードを超えた横断的な政策が行われる必要があるかが浮き彫りになったのではないかと思われる。個別に交通機関をみるのではなく、地域のおかれた状況に従って、さまざまな交通機関を相互に、どのようにその時点で有効に組み合わせて動かしていくかが、迅速に決定され、実行されていかなければならない。そのための基礎となるのが交通基本法なのである。実際、交通基本法の法案のなかでは、地域が主体となって交通計画を策定することが盛り込まれている。いわゆる交通政策における地方分権の推進である。

今回の震災が提起した問題は確かに従来の思考の修正を図るものでもある。したがって、一刻も早く交通基本法を成立させることは依然として望ましいことは確かであるが、別の見方をするならば、今回の経験を踏まえ、もう一度交通基本法の重要性を再認識し、かつ今回の震災による新たな教訓も織り込みながら、交通基本法の内容を再整理するよい機会ともなったのではないだろうかと考える。

今回の法案審議のプロセスでは、交通を利用する権利、すなわち「移動権」ないしは「交通権」を社会的権利として法案のなかに明確に位置づけることができなかった。

交通基本法の理念を体現するものとして、「移動権」を採用するか「交通権」を採用するかは大きく議論が分かれているところである。特に「移動権」とすると、物流部門が含まれなくなり、物流部門の重要性を主張する立場からは、もし「移動権」を採用するのであれば、物流基本法も同時に策定する必要があるとする。また、そもそもこうした権利を明文化することは、全国でこの権利保障をめぐって裁判が多発することになり、行政機能が麻痺してしまうことになると恐れる向きも強い。今回も最終的にはそうした懸念から、権利規定はなされないことになった。

今回の事態に鑑み、今一度、移動権、あるいは交通権の位置づけ、公共交通を中心とするその整備の体系的あり方について緊急にしっかりとしたレビュー・議論を行うべきである(14)。条文案については巻末に参考資料として全文を掲げている。

(1) ちなみに、観光業と旅行業という概念は異なるものである。観光業のなかには宿泊業や旅行業が含まれる。つまり、観光業はより包括的な概念である。

(2) それを使用することが第一目的なのではなく、それを利用することで他の第一の目的が達成されるようなもの。たとえば、バスの場合、バスに乗ること自体が最終目的なのではなく、バスに乗って、買い物をする、その買い物をするということが最終目的となる。

（3）明治期には、外貨を獲得するための手段として、対外的な観光政策が重視されたことがある。この目的のため、海外からの観光客の受け入れのための公的窓口として、日本交通公社が設立されたのである。その後長らく、外貨の持ち出しは厳しく制限され、その結果として海外旅行ができるのは非常に一部の特権的な人びとに限定されてきた。それが一般に解禁になったのは高度経済成長によって、ようやく一九六〇年代になってからであり、航空運賃の低廉化の影響もあって、海外旅行はブームとなっていく。

（4）映像の力は大きい。近年、中国から北海道を訪れる観光客が急増したが、それは中国のドラマの舞台として北海道が注目を集めたからである。ちょうど韓国ドラマの舞台をめぐる旅に、日本人が大挙して韓国に訪れたことと同じである。このことは、観光振興の効果的なあり方を考えるとき、大いに注目すべきことである。

（5）中国にはまだ持ち出し額に制限が課されているが、このカードを使用すれば、預金額まで消費することができ、持ち出し制限額以上の消費を行うことができるので、中国人の間では極めて人気の高いカードとなっている。

（6）すでにこの問題は、日本への出稼ぎ労働者が集住しているような地域では、地元住民との間で起こりうる危険性はある。長引く経済停滞に加えて、今回震災による経済停滞の加速が、外国人労働者の首切りという状況をさらに悪化させれば、帰国することの適わないような外国人層によるスラム化の問題が発生しないとは限らず、こうした面からの外国人居住者たちの福祉問題にもより積極的に取り組んでいかなければならない。

（7）留学生が国家建設において果たす役割の重要性について論じたものに、ベネディクト・アンダーソン

『想像の共同体』がある。海外で学んだ体験が後に当該国との外交のあり方を規定することにもつながる。

（8）アメリカのコーネル大学は、宿泊業におけるスペシャリストを育成するためのスペシャル・プログラムをもっており、全世界から優秀な学生を集め、この業界に人材を輩出している。この人的ネットワークをコーネル・マフィアと呼んでいる。

（9）この表面的に規定されている販売委託手数料に加えて、別途販売報奨金というものも存在する。販売報奨金とは、旅行会社が契約を交わした航空会社の航空券をどれくらい売上げたかによって報奨金を支払うというものである。その契約の内容は旅行会社ごとに多岐にわたっている交通機関が旅行業界に販売委託手数料や販売報奨金を支払っているのは、航空会社の例が特別の大きさを示していると思われる。特に後者の販売報奨金制度はこれまで、その存在に対していろいろな批判が寄せられてきた。たとえば、その存在自体が不透明で一般にはあまりよく知られておらず、脱税や社員の横領など、さまざまな不正行為の温床となってきた。そして航空会社内部においても、販売報奨金は航空会社にとって無駄なコストとして認識する傾向が経営管理部門では強かった。

（10）もちろん、実際には、自らそうした移動手段や宿泊施設を保有するものがある。たとえば、初期のスカイマークエアラインズは、ＨＩＳとの関係が濃厚であった。

（11）このような文化は、旅行業界に限らず、すべての業界に共通の方向性であろう。

（12）筆者の教える大学院で、留学生にインバウンドの観光プランをたてる実習を行わせたところ、訪日の際に自分たちが必要とするような情報がインターネット上で十分に得ることができないということが示された。

(13)　これについては、拙著『現代と交通権』学文社を参照のこと。これまでも法案が提出されるものの、その都度審議未了に終わってきた。

(14)　交通基本法をめぐる議論については、交通権学会が二〇一一年一月に発行したブックレットである『交通基本法を考える』かもがわ出版を参照されたい。また、著者も『現代と交通権』を学文社から出版しているので、こちらも参考とされたい。

第2章　日本航空の経営破綻がもたらした問題

日本航空の経営破綻は、航空政策のあり方に対し、多くの問題を改めて浮き彫りにさせた。本章では、これらの問題について整理し、検討していく。

1　破綻への経緯と現状

[1]　航空の公共性

東日本震災で改めて明らかになったように、航空は現代社会において極めて有用性の高い、優れた移動手段であり、災害復興においても鉄道に比べて融通性をもつものである。

それは、人、物の移動範囲を極大化することによって居住地の多様化、旅行先の広がり、などを通じて人生の選択肢を広げ、生活スタイルの多様化も実現する。これは海外との関係についてもしかりである。

また、より基本的な次元では、離島などの居住者に対し、現代の生活レベルで考えた場合の最低限の生活水準を保証するための公器ともなっているのだ。つまり、非常に高い公共性を備えているということができる。

この点は、以前は十分に認識されており、航空憲法のもとでは、この公共性を維持する目的もあって、競争抑制政策がとられていたのである。しかし、航空憲法が廃止され、近年、規制緩和と競争促進政策が進められていくなかで、こうした航空のもつ公共性については、完全に軽視されているとはいわないまでも、本来与えられるべき十分な配慮がなされているとは思われない。これが今回の震災後、どこまで再評価されるようになるのか、あるいは再評価されなければならないかは、日本の将来を考える上で、大きなポイントとなるところであろう。

2 日本航空の経営破綻

日本の航空業界を激震させるような事態が、東日本大震災に先駆けて起こっている。日本航空の経営破綻である。

この問題については、多くの書籍で取り上げられているので、ここで改めて詳しく触れることはしないが、今後の航空業界全体の展望につながるような、重要な論点だけを抑えていくこととしたい。

二〇〇八年のリーマンショックと新型インフルエンザの影響を受け、日本航空の経営は危機的状態にまで悪化する。自民党政権下でもこの問題は政治的問題の一つとして取り上げられ、さまざまな対策が検討されてきたが、二〇〇九年九月の民主党政権の誕生、そしてそのなかでの前原誠司国土交通大臣の就任により、この問題は大きな転換点を迎え、以降、急激な展開をみせることになる。

前原大臣は、就任直前から日本航空問題に大きな関心を寄せ、就任早々、前政権下において設立された有識者会議を解散し、自らの私的諮問機関としてのJAL再生タクスフォースを立ち上げる。このタクスフォースの働きによって、これまで密かに論じられながらも、公表はされてこなかった日本航空の問題点が白日の下に晒されることになる。それが以下に述べるようなものである。しかし、このタクスフォースも最終的にはその実権をそがれ、企業再生支援機構にその主導権を奪われ、撤退をよぎなくされることになる。

二〇一〇年一月、日本航空は会社更生法の適用を申請し、会社更生手続きに入った。そして、企業再生支援機構の支援のもと、大幅な経営改革に臨むことになる。

それは一言でいえば徹底的なコスト削減、ダウンサイジング（規模の縮小）に尽きる。

2 解決が求められる課題

1 航空機材の小型化への世界的潮流

これまで、首都圏の発着枠の供給制約という、日本の空港事情が抱える特殊な要因もあって、日本航空は多くのジャンボ機とよばれる大型航空機を保有してきた。しかも、かなり早い段階からジャンボ機を導入してきたため、機体が古く、燃料効率が悪いうえに、会計上も評価損という大きな問題を生み出していた。再生タクスフォースが日本航空の企業価値を算定した際に、従来にない巨額の負の評価を行った大きな要因として、この保有機の評価損の問題があった。

航空機の小型化を進めることはいくつかのメリットがある。まず、多頻度運航を可能にするということである。大型機では空席を多く生み出してしまうような状況でも、小型機にすれば、搭乗率（利用率）を高めた状態で多頻度運航を可能にできる。そして、何よりも日本のように新幹線を初めとする鉄道網が非常に発達している状況においては、多頻度によって航空輸送がもつ利用者への利便性は大きく高まり、競争力が向上するのである。

さらに、新型機を導入することで燃料効率を向上させることができ、大きなコスト削減につなげることができる。そして、こうした小型機への切り替えを一気に進めることで、評価損を一掃しながら、人件費や部品などのリストラも進めることができる。[1]

今や中小型機に対する需要は、ＬＣＣの勢いもあり、世界で非常に高まっている。こうした背景から、世界各地で中小型機の開発・生産が進められている。[2]

中小型機メーカーで代表的なところといえば、カナダのボンバルディア社とブラジルのエンブラエル社がある。前者はかなり早い段階から日本市場に浸透していたが、機材の不具合が多く、信頼感を失いつつあった。[3]

そのようななか、急速に日本市場に浸透してきたのがエンブラエル社である。とりわけ、日本航空がエンブラエル社の採用を決定したことが大きなきっかけとなった。現在ではシンガポールに販売拠点をおき、日本市場へのさらなる販売攻勢をかけている。

これらのメーカーに加えて、近年では、中国やロシアといった新興工業国においても中小型機の開発・生産が本格化しようとしている。(4)

2 依然として存在する大型航空機への需要

このようにみてくると、世界の主な航空各社が中小型機へとダウンサイジングを進めているような感があるが、実際にはその逆の動きもみられる。それは、ビジネスクラスの利用者をめぐる獲得競争のなかで、より快適なサービスを提供できるためのスペースを確保するために、大型機を導入する戦略の採用である。

ＬＣＣの活躍によって安い運賃ばかりが注目されている傾向があるが、航空各社にとっては単価の高いビジネスクラスの利用者をいかに多く獲得していくかが各社の生き残りのなかで大きなポイントであることには変わりはない。景気の変化によってその需要が変化することはあるが、どのような経済状況であろうとも、ビジネスクラスを利用する層があることは確実であり、それらを摘み取っていくことはやり方によっては可能なのである。

この際に注目されたのが、エアバスが開発したＡ３８０という航空機である。Ａ３８０は最大可能座席（国内線においてすべてエコノミークラスで設定した場合）が八〇〇席にも上る超大型機である。

ＬＣＣが台頭し、航空各社の従来のビジネスモデルが見直され、航空機のダウンサイジングが進められていた状況下では、これから先の需要の動向を読み違えた開発だとして批判を浴びた時期もあった。しかし、これがビジネスクラス獲得競争が激しくなるなかで有効なツールとして再評価されるに至ったのである。

ルフトハンザ航空やシンガポール航空、エミレーツ航空など、航空業界におけるエクセレント・カンパニーが次々とＡ３８０を導入し、その華麗なサービスで大いに話題をさらっていった。

このように、今は中小型機へのダウンサイジングと超大型機によるサービス競争という正反対の動向が同時に進んでいる状況であるといえるだろう。ただし、ＬＣＣの活躍と、その経営モデルに追随の動きが多くみられることからすれば、前者のほうが今後も勢いが大きいものと思われる。

エアバス 380 スウィート：シンガポール航空

3 関連企業の大幅な整理

航空各社はグループ企業を次々に売却し、身軽になったこともリストラの成果としてあげられる。日本航空は特に一九八〇年代において、次々と関連会社を設立し、グループとしての規模を拡大させていった。(5) そしてこれは日本航空にかぎらず、ある時期、商社をはじめとして、どの大手企業にも共通する現象であった。

グループ企業を多く抱えるということは、まず総合的なサービスを提供できるという意味がある。たとえば、ゴールデンウィークなどの繁忙期においては、航空機の座席を予約することができても、目的地のホテルの部屋が予約できなければ、旅行ができなくなり、航空機の予約をキャンセルしなければならないことになる。こうした事態を回避するための最も手っ取りばやい手段は、航空会社がホテルも保有して運営することである。そして、自社予約の旅行者には優先的に自社保有のホテルの予約ができるようにすれば、確実に座席を販売していくことが可能である。

また、本来異業種をグループに取り込み、グループの人材交流によってその営業ノウハウを相互に学ばせ、比較させることによって、新たな発想が生まれ、経営の革新につなげていくことも期待できる。これを「シナジー効果」という。

こうした効果をもたらす経済性を経済学では「範囲の経済性」とよんでいる。(6)

しかしその一方で、グループのあり方が適宜見直されなければ、同時に弊害も生じてくる。

まず、グループ内部での緊張感を欠き、取引コストがどうしても肥大になってしまう。つまり、効率が悪く、コストが上昇してしまうのである。また、人事管理など業務が重複し、組織経営上も効率が低下する。さらには、部品や日常使用するものなどの外部への発注が小規模かつ分散されたものとなり、スケールメリットを活かすことができない。

そして何よりも、危機的な状況においては、企業資源を最適なかたちで集約し、その競争力を最大化していくことが求められる。日本航空にとって、本業回帰は、早急に行わなければならない、非常に重要な取り組みであったのである。

そこで、グループ企業の整理が急ピッチで進められた。もちろん、それは、売却益によって借入れ負債の返済に充てるという意味もある。売却益が多く見込めそうな事業から順次売却が進められていく(7)。

4　運航する路線の見直し

日本航空の収益性の向上を考える場合、不採算路線の見直しはこれまでも大きな課題であった。しかし、政治的な事情もあり、これまで本格的に手をつけることができなかった。これが、企業再生支援機構の後ろ盾のもとで、路線ごとの収支を徹底的に見直し、不採算路線を大胆に整理していくことができたことは立て直しを図るうえで大きな意味をもった（表2・1）。

そもそも稲盛会長が就任するまでは、路線ごとに収支を算定することにはあまり積極的ではなかった。それは、航空業界には伝統的に、路線網全体としての収支採算性を重視するという考えがあったからである。

つまり、たとえある路線が少しくらい儲からないからといっても、それが路線ネットワーク全体からすれば品揃えの一つになるし、乗継ぎの利便性を高めたり、あるいはマイレージが貯まったときに航空券と引き換える先が豊富になり、マイレージシステムの魅力の向上につながるといったように、何らかのかたちでの相乗効果を他の路線との間に生み出しうるのではないかと考えられるからである。

そして国内線の場合には、先に触れたように、地方空港の存続に関係して、地方行政体との関係がある。「公共性」という観点から、ある程度採算性を犠牲にしても路線運航を維持しなければならない暗黙の了解もあった。この点は、一九八五年にそれまであったいわゆる「航空憲法」を廃止する際に、どのようにして公共性の高い路線を維持していくかという議論が疎かにされたことのつけが回っていたということができる(8)。また、地方路線の維持にどの程度貢献しているかということが、羽田空港の発着枠が配分される際の評価材料となってきたことも考えなければならない(9)。

また、国際線においても、当座の採算性だけでは決められない要素がある。

それは、一つには外交性である。たとえば、ブラジルの場合には多数の移民の存在があり、そことの直行便が存在するということは、一航空会社としてではなく、採算性とは別の次元で、国として大きな意味をもつ。また、新たな外交関係を構築していく上でも先行的に国際路線を展開していくことも重要である。ここに国際的公共性としての航空産業の位置づけが出てくるのである。リーマンショックなどのような大きなイベントリスク（事件などが発生することによる経営上の損害を考えた場合のリスク）が発生した今回の場合などは、こうした路線の運航も見直しの対象にせざるを得なかったのであるが、しかし、こうした政策的重要性に鑑み、早急に元の状態にもどしていく必要がある。特に日本航空の場合には、その経営再建の過程で国の財政的支援を受けて立ち直ったがゆえに、今後はこの機能を果たしていくことが求められることになるだろう。

また、同じく先行的な路線開設にしても、市場の開拓という意味において、日本の産業進出の先駆け的存在として路線を開設するということもある。もちろん、こうしたリスクの高い行為をどのような経営状況のときに行うかは議論のあるところであり、当面日本航空にはそのような余力はないことは事実ではあるが、先にも言及したように、今後拡大戦略に再度移行していく際にどのような経営判断がなされていくかは大いに注目されるところである。

5　人員削減と組合問題

組合問題については、常に日本航空の経営の最大の課題であるといわれてきた。非常に強硬な労働組合が存在するがゆえに、リストラが進まず、人件費も見直すことができなかったとされている。

大手航空各社では、総じて労働組合の発言力が強い。それは、特に現場と経営側との間に距離が生

表 2.1　JALの路線のリストラ状況

① **国際線**

	FY08		FY09		FY10			FY11	
	路線名	便数	路線名	便数	路線名	時期	便数	路線名	便数
開　設			羽田–北京	+1	羽田–パリ	10/31	+1	羽田–シンガポール	+1
					羽田–台北松山	10/31	+2		
					羽田–バンコク	10/31	+1		
					羽田–ホノルル	10/31	+1		
					羽田–サンフランシスコ	10/31	+1		
小　計			1	+1	5		+6	1	+1
増　便			関西–金浦	+1	羽田–上海虹橋	10/31	+1		
					羽田–金浦	10/31	+1		
					羽田–北京	10/31	+1		
小　計			1	+1	3		+3		+0
運　休	関西–ロンドン	−1	成田–バンクーバー–メキシコ	−1	成田–サンフランシスコ	10/31	−1		
			成田–アモイ	−1	成田–ニューヨーク–サンパウロ	9/30	−1		
			成田–杭州	−1	成田–ブリスベーン	9/30	−1		
			成田–青島	−1	成田–アムステルダム	9/30	−1		
			関西–シンガポール–クアラルンプール	−1					
			関西–ハノイ	−1	成田–ローマ	10/1	−1		
			関西–大連	−1	成田–ミラノ	9/30	−1		
			関西–杭州	−1	成田–デンパサール	9/30	−1		

			関西–仁川	−2	成田–コナ–ホノルル	10/30	−1		
			関西–プサン	−1					
			名古屋–パリ	−1	関西–デンパサール	9/30	−1		
			名古屋–仁川	−1	関西–グアム	10/1	−1		
					関西–香港	10/1	−1		
					関西–広州	10/1	−1		
					関西–北京	10/1	−1		
					中部–バンコク	10/1	−1		
					中部–広州	10/1	−1		
小　計	1	−1	12	−13	15		−15		+0
減　便	成田–ニューヨーク	−1	成田–ロンドン	−1	成田–北京	10/1	−1	成田–シンガポール	−1
			成田–台北	−1	成田–香港	10/31	−1		
	成田–バンコク	−1	成田–北京	−1	成田–台北	10/31	−1		
			成田–上海浦東	−1	成田–仁川	10/1	−1		
			成田–広州	−1	成田–グアム	10/1	−1		
			成田–仁川	−1					
			関西–上海	−1					
小　計	2	−2	7	−7	5		−5	1	−1
増　減		−3		−18			−11		+0

注）　フィーダー線を除く。路線便は各年度末時点のもの。
　　下線は徹底地点（成田発着にのみ掲示）
出所）　国土交通省資料

② 国内線

	FY08	FY09	FY10	FY11
新　設		成田–沖縄 伊丹–屋久島	奄美大島–与論	福岡–奄美大島 福岡–屋久島
小　計		2	1	2
運　休	関西–函館 関西–秋田 関西–花巻 関西–仙台 伊丹–福島 関西–福島 神戸–鹿児島 札幌–沖縄 旭川–釧路 仙台–沖縄 花巻–沖縄 福島–沖縄 中部–福岡 高知–沖縄	関西–青森 関西–女満別 伊丹–種子島 関西–旭川 関西–釧路 関西–帯広 中部–熊本 沖縄–粟国（RAC）	神戸–札幌 羽田–神戸 神戸–沖縄 中部国際–いわて花巻 伊丹–信州松本 神戸–石垣 中部国際–釧路 北九州–沖縄 静岡–札幌 札幌–信州まつもと 福岡–信州まつもと 静岡–福岡 中部国際–仙台 中部国際–青森 中部国際–鹿児島 名古屋小牧–帯広 名古屋小牧–山形 名古屋小牧–福岡 名古屋小牧–長崎 名古屋小牧–秋田 名古屋小牧–松山 札幌–山形	丘珠–釧路（HAC） 丘珠–函館（HAC） 函館–旭川（HAC） 函館–釧路（HAC） 函館–奥尻（HAC） 札幌–釧路（HAC） 名古屋小牧–新潟 名古屋小牧–高知 名古屋小牧–熊本

			関西-福岡 伊丹-三沢 伊丹-松山 広島西-宮崎 広島西-鹿児島 鹿児島-岡山 鹿児島-高松 沖縄-松山 札幌-出雲 札幌-徳島 札幌-函館（HAC）	
小　計	14	8	33	9
増　減		−6	−32	−7

注）RACを除く。路線数は各年度末時点のもの。

出所）国土交通省資料

じやすく、その間隙を埋めるための装置として労働組合の活動が重視されてきたという性質があるからである。(10) しかし、特に日本の場合には、首都圏の空港容量の問題や、航空憲法の影響で長らく寡占的な状況が続いてきた上に、長期にわたる高度経済成長があった結果、経営陣は当面の問題を先送りして、労働組合が提示する要求をほぼ全面的に受け入れてきた。その結果、世界でも有数の好待遇の企業が出現したのである。(11)

しかし、その一方で諸外国では、規制緩和・撤廃によって激しい航空各社間の競争があり、リストラや戦略の見直しが行われてきた。その結果、日本の航空各社の待遇は世界でも突出した次元に至ったのである。

こうした状況を完全に否定するわけではない。確かに恵まれた労働環境が持続的に可能であれば、それに越したことはない。安全維持にもいい影響を与えうるだろう。しかし、実際にはイベントリスクに弱い、しかも迅速性が求められる今日の経営判断の遂行にとっては大きな足かせとなってしまったのである。(12)

今回、日本航空が大胆なリストラ策を実行に移せたのは、法的管理下において、管財人が組合との交渉において大きな力を発揮したことがまずあげられる。組合との交渉において、常に管財人が同席し、強硬な姿勢を崩さなかったことが事態の進展につながった。これによって、これまでは到底不可能であると思われてきたリストラが可能となったのである。

ただ、二〇一〇年末に行った指名解雇に関しては、今後、法廷で争われることになった。日本航空の見解では、指名解雇を行う前に三回にわたって希望退職を募るなど、十分な事前配慮を行っているから手続きに過誤はないとしているが、法曹界の見方では必ずしもそうではないようで[13]、今後の動向は予断を許さないものとなっている。

また、退職金給付を切り下げることによって、債務の削減を果たす試みが経営再建の初期の段階で行われた。これについては、現役世代からは強い抵抗はなかったものの、ＯＢからのかなり強硬な反対運動に直面することになった。最終的には、現職が五割削減、ＯＢは三割削減という結果になった。今回の経営破綻について、直接的なきっかけはリーマンショックと新型インフルエンザの発生による需要の急減であったことは確かであるが、それも過去の経営のあり方がこうしたイベント発生への対応力を極めて脆弱にしていた結果であると考えれば、現役とＯＢとの間で削減比率に差をつけたことは、理に適わないようにも思われる。しかしながら、すでに退職後の生活プランを確定している状況もあろうがゆえに、当面の実施を急ぐ状況下では、こうした結果も受け入れざるを得ないものであろう。

今後は、指名解雇をめぐる裁判の結果次第によって、組合運動が再度勢いを増すことも考えられるが、株式の上場廃止など、多大な損害を社会全体に引き起こしたことに対する社会的批判の声は強く、その事情を考えれば、これまで強硬な姿勢を貫いてきた組合とはいえ、今後はその矛先を鈍させざるを得ない。焦点は、経営状況が好転した現在、今後拡大基調に戻り、稲盛会長などの経営の「重し」がとれた場合に、再度以前のような組合状況に回帰しないだけのリーダーシップを新たな日本航空の経営陣が身につけられるかどうかということである。

（1）ここで、後述のように、リストラに伴う解雇の問題が生じてくる。ジャンボ機の操縦免許しかもたないパイロットは、主流となるB767やB777などの中型機を操縦することができないため、リストラの対象となる。そのなかでも比較的若い層のパイロットは、新たに免許を取り直すことでやり直しがきくが、年齢が高くなってくるとそうもいかない。

（2）この点、懸念されるのは、後に触れるように、LCCのモデルとしてもてはやされてきたアメリカのサウスウェスト航空が飛行中に引き起こした天井に穴があくという破損事故の影響である。同型機の信頼性の問題はもちろんではあるが、このような事故の多発によって、サウスウェストを筆頭としてLCCが行ってきたような多頻度高密度の運航体制が、航空機の金属疲労を早め、安全性の維持に支障を来しているのではないかという懸念が広がっている。もしこうした懸念がさらに進めば、LCCが採用してきた戦略が根本的に見直されることになり、中小型機の需要もそれに伴って変化する可能性がある。

（3）たとえば、四国の高知空港におけるANA系列の航空会社のボンバルディア機は、着陸時に車輪が出ない状態に陥ってしまい、最終的にパイロットは胴体着陸を試み、何回かのトライの後に無事着陸を果たし、乗客乗員は全員無事だった。この模様はテレビで実況中継され、ボンバルディア機の印象を大いに引き下げるものとなった。

（4）航空機メーカーの動向について、詳しくは筆者が『月刊エアライン』イカロス出版に二〇一〇年度に連載したものを参照のこと。
（5）日本航空のグループ戦略を分析し、賞賛した本としては、中田重光『日本航空のグループ戦略』ダイヤモンド社がある。
（6）この経済性についての詳しい議論は、拙著『航空の規制緩和』勁草書房を参照のこと。
（7）ただし、どこまで絞り込むかは難しい問題でもある。たとえば再上場を果たす場合に、市場からは将来の発展の余地が評価されることになるが、その際にただ絞られているというだけでは高い評価が得られないことも考えられるからである。ＪＡＬカードは非常に優良な企業であった。そうであるからこそ、売却益も多額に上るものであったが、これを手放したことが将来どのようなボディブローとしてきいてくるかも注視してみたい。
（8）航空憲法については前掲（6）拙著などを参照のこと。要は、揺籃期における日本の航空産業を保護育成するために、既存の航空各社間の事業領域を規定し、相互の競争を極力抑制した政策である。この政策には、確保された利益による内部補助体制によって公共路線を運航させることも意図されていた。
（9）羽田空港の発着枠の配分については、地方路線の維持など、いくつかの項目を総合的に評価して配分するという「評価方式」が採用されている。
（10）日本の場合、総じて企業内組合制度をとっているが、航空業界では職能別組合的な性格が強い。これをもって先進的なスタイルであると評する向きもある。
（11）さらに、これに左翼的な運動がかかわってくる。特に国鉄における労働運動の余波を航空労働界が引き継いだ格好となっている側面がある。

(12) このような先駆的事例としては米国のユナイテッド航空の例がある。ユナイテッドは、一九九〇年代の経営苦境を乗り切るために、従業員持ち株制度を導入し、当面の賃金抑制策としたが、組合側はその持ち株を集約して保有し、経営陣にそのメンバーを代表として送り込んでいく。その結果、平時においては経営側の意向と現場をつなぐ効果的な潤滑油として機能したものの、二〇〇〇年代に入ってからの経営環境の急変期においては、リストラ策などの実施に対する抵抗勢力となり、迅速な対応をとることの妨げとなり、結局はユナイテッドを経営破綻へと至らせてしまう主要因となっている。

(13) 日本経済新聞の解説記事。一般的な報道では十分な手続きを経たので問題ないとこれまで報道されてきたが、この記事によると、法曹界ではこうした要件をどうみなすかは実際のところは流動的であるとのことである。

3　再生への取り組み

次に再生への取り組みについてみていこう。

1　株式再上場に向けて

二〇一一年三月、更正作業を終了した日本航空は二年後を目標として再上場への道をとり始めた。しかし、ブランド価値の毀損は大きく、今後はいかにしてブランドを再構築し、その価値を高めていくかが重要になる。

これまでは、とにかくコスト削減による縮小路線で進めばよいというわかりやすい経営戦略を徹底的に追求すればよかった。その結果、東日本大震災の発生による需要減にも十分に対応できるだけの経営体質を身につけるに至っている。

しかし、今後は投資家に対して、激しさを増すばかりの航空市場において、どのような将来性があるのか、どのような発展戦略をとるのかについて明確なかたちで説明していかなければならない。その点、全日空が掲げている「アジアのナンバーワンの航空会社になる」というメッセージは非常に明快である。これに比するようなスローガンを打ち出すことができるかどうかが日本航空の経営陣に強く問われている。鶴丸マークの復活は、確かにある種のシンボルとはなるだろう。しかし、それも抽象的な次元に過ぎない。それに具体性を織り込んでいくことで、誰もが理解でき、それに向けた努力がしやすいような体制を構築しなければならない。

さらにいえば、イベントリスクの発生リスクはますます高まっている。ヴィンラディンの殺害によるアルカイダの報復テロの可能性、中東・アフリカ革命の進展などである。もちろん、福島原発の影響も相当長引く可能性がある。こうした状況に対し、より徹底した対応策をとり続けることも、再上場への課題となる。

2 全日空との競争条件

目下、注視しなければならないことは、公的支援を受けて再生を遂げた日本航空と、自力で存続を続けている全日空の間で不公平な状況が生じてはならないということだ。実際、日本航空は今回のリストラの進展によってかなりの財政余力を確保した。一方、全日空は、有利子負債を大きく抱え、厳しい側面がある。この結果、全日空が経営に大きな問題を抱えることになれば、市場の歪みを生じさせたとして、政府の対応も問われることにもなりかねない。

諸外国の例では、公的支援を受けた航空会社は、一定期間、路線の拡大などを行ってはならないという縛りを設けているところがある。これについては、今回のケースについてもぜひ同様の政策を実施すべきであるという意見も多々みられた。ただ今回の場合は、すでに言及したように、日本航空により公的な役割を強く担わせることで対応したほうが、両者の競争状態を維持した上で、航空産業の社会的貢献度を高めるので望ましいのではないかと考える。

今回の事例で特に問題となったのは、公的資金が安売りの原資として用いられ、それによって市場競争が歪められることがあってはならないということであった。具体的には、日本航空が更正手続きに入った直後に、「バースデー割引」という割引運賃を打ち出したことである。これに対し、全日空が公的資金を用いた安売り攻勢だと強く非難した。

これについては、公的資金が使われたということはないようだが[1]、そうした疑いをもたれないような説明責任をどのようなかたちで果たしていくのか、という難しい問題を日本航空は問われることになった。しかしながら、競争条件の対等化を図っていくためには、こうした説明責任の徹底は不可欠であり、極めて重要な問題である。あいまいさを残さないようにすることで、市場の支持を獲得していくことが必要である。

3 国際線一社化論について

日本航空の経営再建について論じられるなかで、大きな論点の一つとなったのが国際線一社化論である。今日のようなイベントリスクが極めて大きい状況下では、とても二社が並存できるような余裕は国家的視点からはなく、一社に経営資源を集中して国際競争を乗り切っていくべきだというのである。

これについては、主に消費者利益という観点から問題がある。

まずは、競争がなくなることによって、運賃水準の高止まり、サービスの低下が起こることが懸念されることである。実際に、今回の日本航空の再建過程で競合のなくなった路線では、公示価格において運賃の値上がりが発生している(2)。

また、日本を拠点とする航空会社だからこそ、日本発着のダイヤを日本から出国する利用者にとって使い勝手のよいものにしてくれる。もちろん、外資系航空各社も販売戦略上、日本発の旅客の都合に対して最大限の配慮をすることは確かではあるが、最終的に優先されるのは本国の都合である。

このことは、何か事件や事故などが起こったときの対応の面でもみることができる。二〇〇一年九月に起きた米国同時多発テロの際にも、また今回の東日本大震災においても、外資系航空各社は早々に日本就航便を運休にしてしまった(3)。国際化が進んでいるなか、国際航空輸送体系の機能はいわば国にとってのライフラインであり、それがいかなる場合であれ、努めて安定的に供給されなければ問題であり、その点で日本の場合には日本の航空会社の存在は大きい(4)。

そうであれば、日本の航空会社は、一社だけでなく二社体制にしてリスク分散を図っておいたほうが理にかなっている。そして常に競争が行われるなかで、双方ともに進化を遂げさせる環境を守るべきなのだ。

また、次章で詳しく論じることになるが、アライアンス間競争への配慮もある。

現在三つのアライアンスがあるが、日本航空（JAL）はワンワールドへ、全日空（ANA）はスターアライアンスに属している。これによって、アライアンス間では、アジアでは勢力の均衡が保たれているという面もある。もしこのバランスが崩れれば、国際的なレベルでの独占性が強まり、消費者利益がより大きく侵害されていく恐れも否定できない。

ちなみに、JALが会社更生手続きに入る前後において、アメリカン航空とデルタ航空の間で、JALのメンバー獲得をめぐって激しい競争が行われた。その際もこうしたアライアンス間のバランスへの考慮もなされたこともある。

この時には、経営再建に全力を傾注しなければならないJALにとって、アライアンスを移行するだけの時間的、金銭的、そして人的余裕もないとして従来のアライアンス（ワンワールド、すなわちアメリカン航空サイド）への残留が決まった。

一社に集中すべきか、二社体制を存続させるかを考える際には、外交的路線の維持という側面も考えなければならない。すでに述べたように、航空路線は単純に収益性だけで選択できない事情もある。特に国際路線においては、外交上、路線を開設、維持する必要性も出てくる。こうした要請を一社だけで担うのは荷が重い。そこで、こうした負担を分散し、一社当たりの負担を軽減するためにも、一社体制は望ましいとはいえない。

ここで、重ねての見解表明となるが、今後は日本航空がこうしたより公共性の高い路線を積極的に担っていくことが求められよう。以前であれば、それは国を代表する「ナショナル・フラッグ・キャリア」としての役割を果たすということであった。しかし、今後は、会社更生手続きのなかで、公的資金の注入を受け、復活を遂げたことに対する社会的利益の還元という意味において、こうした役割を再度積極的に担っていくべきであると考えるのである。それによって、全日空との公正な競争条件の維持が少しでも果たされるのではないかと思われる。

4　今後の展望

世界の航空各社のさまざまな事例をみると、成功している航空会社でやはり大きな要因となっているのは強力なリーダーシップの存在である(5)。特に航空会社のように個々の職場の専門性が高く、セクショナリズムに陥りやすい体質をもつ業態では、そうした弊害が生じないように、会社が一丸となって取り組んでいくためにも、誰にとってもわかりやすく、明確な経営理念を掲げ、それを強力に推進していくエネルギーをもちうる人物こそが必要なのだ。

その一方で、そうした人物に、その行動に対し常に批判的な見直しを迫り、軌道修正を行わせるような参謀の存在が重要である。日本航空が経営破綻に至った大きな要因の一つに、批判者を封じ込んだ長期的独裁的経営体制の存在があったとされている。

さらには、航空業界慣行にとらわれず、斬新な経営手法を導入し、実践していけることもリーダーには重要である。この点からは、何らかのかたちで航空業界から離れ、業界外でキャリアを積んだ人物が登用されていくことも求められる。航空業界においてリーダーとして卓越性を示していると認められる人びとは、こうした条件を十分に満たしているように思われる。

繰り返しになるが、日本航空にとっては、まずは、再上場に向けて、どのような航空会社を目指すのかを、わかりやすいかたちで提示することが重要である。鶴丸の復帰だけでは不十分である。また、抽象的な理念だけを語っても追及すべき目標としては、特に現業サイドからすれば不十分である。たとえば、今一度世界のナンバーワンとして復活を遂げるため、具体的な数値目標をもってスケジュールを立て、実行していくことが求められる(6)。

最後に、社員の能力向上にどのように取り組んでいくことができるかも重要となってくる。一連のリストラのなかで、現業部門は外注化や契約社員化を断行してきた。その結果、人件費は抑制されたものの、業務スキルの面では、その決定権がなかなかもてないこともあって、さまざまな場面での対

応能力が低下しているように思われる。(7)

しかし、この臨機応変な対応能力、そして日常業務のなかでの付加価値をどのように工夫して提供していくことができるかがサービス産業の決定的な競争力である。そして、航空ビジネスもまたサービス産業であることも事実なのだ。こうした観点から、今一度、日本航空も、優れたサービスを提供し続けていることで評判の高いシンガポール航空や、革新的な人事政策を採用していることで知られるサウスウェストなどの事例をより徹底的に研究して学び、それを確実に実践することによって、サービス産業としての人的能力の向上に不断に取り組んでいくことが望まれる。そのためには、一時的なコスト削減段階から脱却したのを契機に、サービス産業の特異性を十分に反映させた上での投資の費用対効果の分析を行っていかなければならない。

(1)　日本航空の説明では、バースデー割引を導入したいという申請は国土交通省に対してかなり早い段階から行われており、会社更生法の適用とは全く関係がなく、偶然に認可のタイミングが会社更生手続きの開始早々の時期に重なっただけだとのことである。

(2)　日本と中国のいくつかの都市を結ぶ路線では、日本航空が撤退し、運航会社が一社になったことで運賃が二割程度上昇している。

(3)　これは、収益性が高い羽田空港を離発着する便についても同様であった。被災地から離れているとはいえ、その影響は極めて大きかったといわざるを得ない。ちなみに、外資系航空各社は一時的に関西空港にその拠点を移したが、徐々に首都圏回帰が進んでいる。

（4）アジアにおけるハブ空港の地位が、今回の震災を契機として大幅に低下していくことを懸念する主張も多い。その際、引き合いに出されるのが阪神大震災後における日本の港湾のケースである。結局は阪神大震災を契機として、日本の港湾は国際競争力を急激に低下させていくことになり、現在に至っている。

（5）たとえば、過去において英国航空を経営危機から救ったマーシャル卿、コンチネンタルのゴードン・ベスーン、ヴァージンアトランティックを率いるリチャード・ブランソン、サウスウェストのハーバード・ケレハー、エア・アジアのトニー・フェルナンデスなどといった名前をあげることができる。

（6）この点、日本航空が昨今、出発時刻の定時性において、世界一の実績をあげていることは注目されるべきである。こうした成果が社員の誇りを高め、労働インセンティブを高めていくことになる。

（7）また、外注によって人件費が抑えられたことは、その反面、現場で働く労働者の待遇を著しく低下させ、継続してその職に留まることも難しくさせた。通勤範囲が限定されることで、能力のある人材を登用することにも制約を生じさせることになっている。職場の定着率が低下することは、サービス産業においても最も重要な資産である実践的経験の蓄積を阻害し、サービス面での対外競争力を低下させることにつながってしまう。

第3章　アライアンスの潮流の変化

本章では、近年国際航空市場における重要な競争単位となったアライアンスについて、そのあり様と問題性について検証を行っていく。

1　国際航空市場の変容

1　二国間協定からオープンスカイへ

国際航空市場における航空各社間競争はますます厳しさを増している。

特に近年は、従来の二国間協定の枠組みから転換し、オープンスカイ政策が推進されており、航空各社はその行動の自由度を増す一方で、生き残りのための努力がいっそう求められるようになった。

二国間協定の枠組みとは、国際民間航空協定（シカゴ条約）において提起されたもので、戦後の国際航空体系を規定してきたものである。主権対等の原則に基づき、関係する二カ国が相互に定期路線の就航を認めるに当たっては、航空企業、輸送力、路線、運賃についてそれぞれ定めることとしている。具体的に協定の本文で規定しているところは次のようなものであり、内容を改正する際には国会の承認を必要とする。

航空企業　両国の航空当局は、一または複数の航空企業を指定し、相手国に通告する（企業数を制約する協定もある）。

国籍要件　相手国の国民による実質的所有及び実効的支配が認められない場合には、運航を認めない。

輸送力　両国の航空企業が運航できる輸送力は、航空当局間の合意で定める。

路　線　両国の航空企業が運航できる路線は、協定の付表で定める。

運　賃　両国政府の認可が必要。

これらの項目をみればわかるように、二国間協定の枠組みはかなり行動制限的なものであり、保護主義的な性質を強く帯びるものであった。

こうした体制を構築した背景には、戦後初期の段階で圧倒的に力をもっていた米国の航空企業から、欧州市場を守ろうという意図があった(1)。

これに対してオープンスカイとは、企業数、路線及び便数にかかわる制限を二国間で相互に撤廃することをいう。日本でも、首都圏空港の容量拡大を契機として、首都圏空港を含めたオープンスカイを推進していくこととしており、その第一号として、二〇一〇年一〇月、米国との間でオープンスカイを実施した。[2] それまでも、二〇〇七年八月の韓国を初めとして、香港、マカオ、ベトナム、タイ、マレーシア、シンガポール、スリランカ、カナダの計九カ国・地域との間でオープンスカイを実施してきたが、その対象から羽田、成田という首都圏空港が除外されており、また第五の自由である以遠権[3]も除かれているために、実質的にはオープンスカイとよべるようなものではなかった。その意味で、米国との協定の締結は画期的なものとなったのである。その内容は以下のようなものである。

路　線　自国内地点、中間地点、相手国内地点及び以遠地点のいずれについても制限なく自由にルートを設定することができる。

便　数　便数の制限は行わない。

参入企業数　参入企業数の制限は行わない。

コードシェア等　同一国・相手国・第三国の航空企業とコードシェア[4]等の企業間協力を行うことができる。

運　賃　航空運賃の設定については、差別的運賃等一定の要件に該当するものを除き、企業の商業上の判断を最大限尊重するとともに、可能なかぎり迅速な審査を行う。

その後、同年一二月に、韓国との間で米国のものと同様のオープンスカイが締結され、その後も二〇一一年度中を目途として、東アジア、アセアンの国・地域との間で首都圏空港を含むオープンスカイの実現を目指して交渉を展開している。

2 オープンスカイと国際航空市場の変化

そうした状況下で国際航空市場における競争は、現在二つの軸を形成し、それを中心として行われている。その一つがアライアンス（企業間提携）であり、もう一つがLCC（格安航空会社）である。

本章ではこのうちアライアンスを取り上げ、次章においてLCCについて検証していくことにする。

(1) アライアンスの誕生

アライアンスとは、一般的に、国際間における企業間提携のことをいう。その実質的な提携内容についてはさまざまな関係が想定できるが、大枠におけるものをアライアンスとして考えればいいだろう。

アライアンスが誕生した背景には、情報手段の発達と独占禁止法の緩和、そして国際社会の不安定化がある。

情報手段の発達

情報手段の発達は劇的に市場のあり方を変えてきた。ア

表3.1 主要各国・地域の航空自由化の動き

2007年3月	米国と欧州連合（EU）が締結で合意
2008年2月	米国と豪州が締結で合意
2009年12月	米国と日本が締結で合意
2010年3月	米国とEUが協定拡大で合意

出所）日本経済新聞2010年10月26日付朝刊。

表3.2 これまでの航空自由化協定

国・地域名	実施時期
韓国	2007年8月
タイ	2007年11月
マカオ	2008年1月
香港	2008年1月
ベトナム	2008年5月
マレーシア	2008年7月
シンガポール	2008年9月
カナダ	2009年4月
スリランカ	2010年3月

注）いずれも羽田・成田は対象外

出所）日本経済新聞2010年10月25日付朝刊。

ライアンスの発展もこの発達に大いに助長されている。企業間提携の交渉の可否、そしてそれが成立後、持続的に提携したもの同士が最適な協力関係を構築していくことができるかは、当事者間がいかに円滑なコミュニケーションが行えるかにかかっている。その点、インターネットなどの発達は、国際間におけるコミュニケーションのあり方を激変させ、その可能性を無限大に広げることになった。こうして企業は、複数の企業の連合体となり、それがあたかも一つの経営体のように振る舞うことで、いわゆる「連結の経済性」を追及したのである。(5)

連結の経済性とは、お互いに独立性を保った上で、いくつかの組織が提携関係に入り、それぞれの強みを発揮することで総合的な競争力を高めようとするものである。これは、次の国際社会の不安定化によってアライアンスが促進されたことの理由ともなる。

国際社会の不安定化

このところ、国際的紛争、内戦が頻繁に発生するようになっている。この傾向がもたらされたのは、一九九〇年前後における東西冷戦構造の終焉であると一般的に考えられている。

それまでは、米国、ソ連という二大大国の圧力によって、国際社会はさまざまなコンフリクトはあったものの、一応の均衡状態を保ってきた。しかし、ソ連が崩壊し、ロシアがＣＩＳへと分裂を遂げていくなかで、旧社会主義諸国のなかで抑えが効かなくなり、解放運動、体制変革の動きが展開されてきた。

これに加えて近年では、先項でも述べたように、情報手段が高度に発達したことによって、それまで情報統制のもとで他国の情勢に対して全く無知に近い状態、あるいは洗脳された状態であった国民が、インターネットなどを通して他国の状況を知り、自らの社会が抱える問題に気づき、体制変革へと動き出すというパターンが目立ってきた。中国、中東、アフリカなどがその例である。

さらには、運動の組織のあり方も異なってきた。たとえば、集会の開催などは、ツイッター（twitter）などを通して行われるようになったのである。これによって政府は運動の押さえ込みがさらに難しくなっている。昨今の原発反対運動のあり方などにその例をみることができる。

こうした動きは当然ながら、グローバリゼーションという動きをどう考えるべきか、という価値論的な問題[6]とつながってくるが、ここではこの問題には踏み込まない[7]。

ただし、こうした不安定化は経済活動には大きな影響を与えることは確かである。この「イベントリスク」を低減させるための一つの取り組みがアライアンスである。

アライアンスはお互いに助け合うことでイベントリスクへの対応力を増すことができるし、その上で各メンバーが独立性を保っているので、いざという時には問題となっている地域などからの撤退も独自に決定することも可能である。逆に、新たに市場を開拓する際にも、当該新規市場においてすでに存在感を示している企業とのアライアンスを通した提携を行うことで、新規進出リスクを大きく低減することができる。

(2) バーゲニング・パワーの獲得

もちろん、規模の経済性の追求も無視できない。同じアライアンスに属するメンバー間ではさまざまな共同行動、規格の統一化を図ることでスケールメリットやサービスの多様化を達成することができる。

たとえば、航空機や燃料などをまとめて大量発注すれば、航空機メーカーや航空機部品メーカー、石油供給会社などに対する交渉力が増し、より有利な条件で購入することができる。また、路線網についても、他のメンバーとの間でコードシェアを実施することなどで、単独で展開するよりも圧倒的な路線を消費者に提供することが可能になる。特にマイレージサービスによる利用客の囲い込みが非常に重要な競争上のポイントになっている現在、このような豊富なネットワークの提供は、第一義的な目的としての移動に対する利便性という意味で競争力があるだけではなく、マイレージがたまった段階での景品としての航空券が利用できる範囲が広く魅力的であるという点でも競争力を高めることになるのである。

また、お互いに共同でマーケティングを行うことでさらにその効果は高まるだろう。ハワイが台風の影響で壊滅的な被害にあったとき、大きな打撃を受けた全日空を、スターアライアンスのメンバーが共同のキャンペーンで支えた事例などを考えてみればよい。

その他、乗継便を向上させることなど、付加価値の向上を図る取り組みはさまざまに行われている。ただし、運賃や乗継ダイヤの調整などは、アライアンスの場合にかぎらず、独占禁止法の適用除外を当該航空会社の間で双方の政府が適用しなければならない。この適用の基準は完全に明確というわけではなく、政治的な思惑も絡んでいるようであり、オープンスカイ政策が進められているなか、認可基準の透明性が強く求められるところである。

（1）欧州市場が発達を遂げてくると、より自由に路線や運賃を設定したいという要求が企業側から高まってきた。その一つの現われがEU統合を機に導入された域内航空自由化政策である。この点についての詳しい経緯・内容については、拙著『航空の規制緩和』勁草書房を参照のこと。

（2）ここでのオープンスカイについての説明は、二〇一一年一月に行われた航空政策研究会において配布された国土交通省の資料『航空行政の現状と展望について』に基づいている。

（3）たとえば、日本と米国との協定にあっては、日本にとって米国を経由してメキシコのような第三国に輸送を行う権利を以遠権という。

（4）コードシェアとは、同一の便に対して複数の航空会社がそれぞれに自分の航空便としての便名を割り当てること。これによって、お互いが販売協力することで、搭乗率を高め、利益を出しやすくする。

（5）もちろん、インターネットにおけるコミュニケーションには情報漏洩の問題、匿名性の問題など不完全性は大きく残っている。この点から直接的なコミュニケーションの今日的重要性、交通手段の再評価を行ったものに拙著『情報化時代の航空産業』学文社がある。

（6）グローバリゼーションをアメリカナイゼーションととらえ、ナショナリズムと対峙させるような論争。

（7） この問題についてはすでに多くのことが論じられている。ただし、いまだに無批判的にグローバリゼーションの推進に邁進しようとする動きが厳然として存在することに強い危機感を感じる。こうした姿勢は、経済的な面だけなく、文化的な面においても重大な損失をもたらし、それが長期にわたる国家的損失をもたらすので、慎重であるべきだということだけはここで述べておきたい。

2 アライアンスの勢力争い

1 アライアンスの拡大傾向について

アライアンスが一〇社くらいの規模になり、世界の主要な航空各社がほぼ加盟した段階で、アライアンスはもはや成熟し、これ以上の拡大は起こらないのではないかと考えられた時期があった。それは、アライアンスとしてのブランドを維持できるかどうかという問題が重要であると考えられたからである。

アライアンスとしては、加盟員間で統一的なサービスを提供することが望まれる。しかし、一社でもそのサービスが劣悪なものとなれば、アライアンスの加盟員としての看板を掲げている以上、その企業の評判の低落を通して、他の加盟員にもそうした企業をメンバーとして選んだこと、そしてそのサービスにも一面において依存しているということから、負の影響が降りかかることになる。

そして、最悪の事態としてその企業が事故を起こしてしまえば、アライアンスへの悪影響は最大のものとなりかねない。よって、加盟のための条件設定は高めになり、伝統的な大手航空各社以外にはなかなか門戸は開かれないだろうと思われた。

その時点では、すでに名だたる航空各社はいずれかのアライアンスに加盟しており、せいぜい日本航空（これも後にワンワールドに加盟）など大手航空各社のうちで数社が未加盟のままに残っているにすぎない状況であった(1)。このように、アライアンスは大手航空各社のクラブのようなかたちと見なすことができた（表3・3）。

しかし、最近になって、こうした大手航空各社の仲良しクラブからの変化が急速に進んできた。中国、アフリカ、中東、東欧、そして南米などの航空各社が次々とアライアンスに加盟しているのである。これら航空各社はいずれも発展著しい地域を本拠地にしている。つまり、アライアンスは高経済発展地域、あるいは近い将来の高需要が確実に見込まれるような地域の航空会社の囲い込みに方針を転換したのであろう。アライアンスの加盟各社は拡大方向に向かっている。

なお、三大アライアンスとは別に、アラブ諸国の航空各社で形成されているアラブ航空会社機構に加盟する航空会社で結成されたアラベスク航空アライアンスというものがある。経費削減を目的として結成されたが、前記のようなアライアンスの勧誘攻勢もあってか、あるいは寄らば大樹の陰ということかが、既存の三大アライアンスに鞍替えするところが目立ってきている（表3・3）。

表3.3　三大アライアンスとアラベスク航空アライアンスの現状

スターアライアンス（1997年設立）	ワンワールド（1999年設立）	スカイチーム（2000年設立）
アドリア航空（スロベニア）	アメリカン航空	アエロメヒコ航空（メキシコ）
エーゲ航空（ギリシャ）	ブリティッシュ・エアウェイズ	エールフランス
エア・カナダ	キャセイパシフィック航空（香港）	デルタ航空（米）
中国国際航空	カンタス航空（オーストラリア）	大韓航空（韓国）
ニュージーランド航空	フィンランド航空	チェコ航空
全日空	イベリア航空（スペイン）	アリタリア・イタリア航空
アシアナ航空（韓国）	ラン航空（チリ）	KLMオランダ航空
オーストリア航空	日本航空	アエロフロート・ロシア航空
Blue 1（フィンランド）	マレーヴ・ハンガリー航空	中国南方航空
Bmi（イギリス）	ロイヤル・ヨルダン航空	エア・ヨーロッパ（スペイン）
ブリュッセル航空（ベルギー）	メキシカーナ航空	ケニア航空
コンチネンタル航空（米）	S7航空（ロシア）	ベトナム航空
クロアチア航空		タロム航空（ルーマニア）
エジプト航空		
LOTポーランド航空		
ルフトハンザ航空		
スカンジナビア航空		
シンガポール航空		
南アフリカ航空		
スパンエアー（スペイン）		
スイスインターナショナルエアラインズ		
TAM航空（ブラジル）		
TAPポルトガル航空		
タイ国際航空		
トルコ航空		
ユナイテッド航空（米）		
USエアウェイズ（米）		

アラベスク航空アライアンス
エティハド航空
エジプト航空（2008年にスターアライアンスに加盟）
ガルフエア
ミドルイースト航空（2012年にスカイチームに加盟予定）
ロイヤル・ヨルダン航空（2007年にワン・ワールドに加盟）
サウジアラビア航空（2012年にスカイチームに加盟予定）
シリア・アラブ航空
チュニスエア
イエメニア

2　貨物におけるアライアンス

ここまで述べてきたのは、旅客輸送におけるアライアンスに関してであるが、貨物輸送の部分ではこれとは別にアライアンスが存在する。ＷＯＷとスカイチーム・カーゴである（表３・４）。

スカイチーム・カーゴはその名前のとおり、スカイチームに加盟する航空各社が貨物分野において提携しているものだが、すべてのスカイチーム加盟各社がスカイチーム・カーゴにも加盟しているというわけではない。これに対してＷＯＷは、スターアライアンスに加盟している航空各社を中心に結成されたものであるが、日本航空が参加することで、旅客サイドのアライアンスの枠組みを超えたものとして注目された。しかし、日本航空が経営再建下で貨物専用機を使った貨物事業からの撤退を表明したことから、ＷＯＷからも脱退したため、スターアライアンスの加盟各社でのアライアンスに回帰した。

3　リーダーとフォロワー（follower）の関係

アライアンスに加盟することの意義を考える場合、アライアンス内でどのようなポジションをとるのかということは重要なポイントとなる。

アライアンスは拡大すればするほど、そのなかにおいてリーダーシップを発揮する競争力の高いリーダーと、その決定に従うその他航空各社、つまりフォロワーに分かれることになる。

フォロワーにとっては、「寄らば大樹の陰」と同じ効果、すなわち、リーダーの実力によってもた

表3.4　航空貨物のアライアンス

WOW	スカイチーム·カーゴ
ルフトハンザ・カーゴ（2009年に脱退）	アエロメヒコ航空
シンガポール航空カーゴ	エールフランス航空
SASカーゴ	アリタリア航空
JALカーゴ（2010年に脱退）	チェコ航空
	デルタ航空
	KLMオランダ航空
	大韓航空
	中国南方航空

らされるブランド力、営業力など、さまざまなメリットを得ることができる。しかし、その一方で、アライアンスの求めるサービスの内容に合わせなければならないなど、自らの経営の自由度を一定の割合で犠牲にしなければならない。

この関係性は、ちょうどEUとその加盟国間にみられる関係と同じである。加盟国は、EUに属することで域内における自由化と、それがもたらす統一市場のスケールメリットを享受できる一方、財政政策などで一定の足かせをかされている。そして、その中心となる国の意向に従わざるを得ないので、自律的な経済政策がなかなか実施しにくいというデメリットも併せもたなければならない。

そして、リーダー自体も今や激しい競争のなかで、絶対的な地位を維持できるかどうかは極めて難しい状況になっている。

たとえば、米国の場合は、国内で上位の航空各社同士の合併が相次いでおり、首位の座がそれに伴って転換しているという状況にある。欧州では、オランダのKLMとフランスのエールフランスのように、国境を越えた企業間統合が行われた。このように、リーダーのあり方

表3.5　アメリカ国内における三大航空会社の企業間経営統合の状況

事業規模	統合した相手企業
デルタ	ノースウェスト（2008年）
ユナイテッド	コンチネンタル（2010年）
アメリカン	なし

自体も大きく動いており、これがアライアンスの競争力自体に影響を与えることになる。

（1）大手航空各社でアライアンス形成のプロセスが進行しているなかで、比較的最後まで日本航空がそのどれにも加盟しなかったのは、日本航空が早くから他の航空会社との間で二社間協定の締結を進めており、その協定がアライアンスの枠組みと合わなかったためである。つまり、すでにA社、B社と二社間協定を結んでいる状況で、A社、B社がべつべつのアライアンスに加盟している場合、もし日本航空がA社の加盟するアライアンスに加盟すれば、B社との関係を解消しなければならない。アライアンスに加盟するメリットと、従来の二社間関係の維持を比較考量した結果として、日本航空は最後の段階までアライアンスへの参加を見送ってきたのであった。

3　国際航空市場のなかの日本

[1]　日本航空をめぐる争奪戦の意味

二〇〇九年末から二〇一〇年初めにかけて、日本航空の再建問題が声高に論じられていた時、それを支援するというかたちでアメリカン航空とデルタ航空が、おのおののアライアンスへの帰属を促そうと、日本航空を巡る争奪戦を行った。その背景には、主に、アジアにおけるプレゼンスを高めたいというデルタ航空の思惑があった。

デルタ航空が属するスカイチームには韓国の航空会社がすでに属しており、ここに日本航空が新たに加盟すれば、アジアにおける競争力が非常に高まる。しかし、日本からみれば、アジアにおけるスカイチームのハブ空港として韓国の仁川空港が位置づけられ、成田空港はそこに旅客や貨物を集約するためのフィーダー空港として位置づけられてしまうのではないかとの危惧が生じた。この点は、デルタ側は強く否定し、あくまでもアジアの中心空港として成田空港を位置づけると主張した。

また、日本航空がスカイチームに乗り換えると、アライアンス間の勢力均衡も大きく崩れ、アジアにおけるアライアンス競争が抑制され、消費者利益が減少するのではないかという懸念もあった。日本航空が脱退すると、ワンワールドのプレゼンスは極めて大きなダメージを受けることになる。

そして両者間で最も大きな争点となったのが、二〇〇九年末に日米航空交渉が成立し、オープンスカイ政策が日米間で実施できるようになった状況で、どちらの組み合わせであれば独占禁止法の適用除外（ATI）が認められるかという問題であった。

独占禁止法の適用除外が認められるかどうかについての判断基準は、それほど明確なものではない。事実、これまでなされてきた個々の審査の状況もまちまちである。

マスコミもこの問題を大きく取り上げ、報道合戦のような形を示した。また、アライアンス側もこ

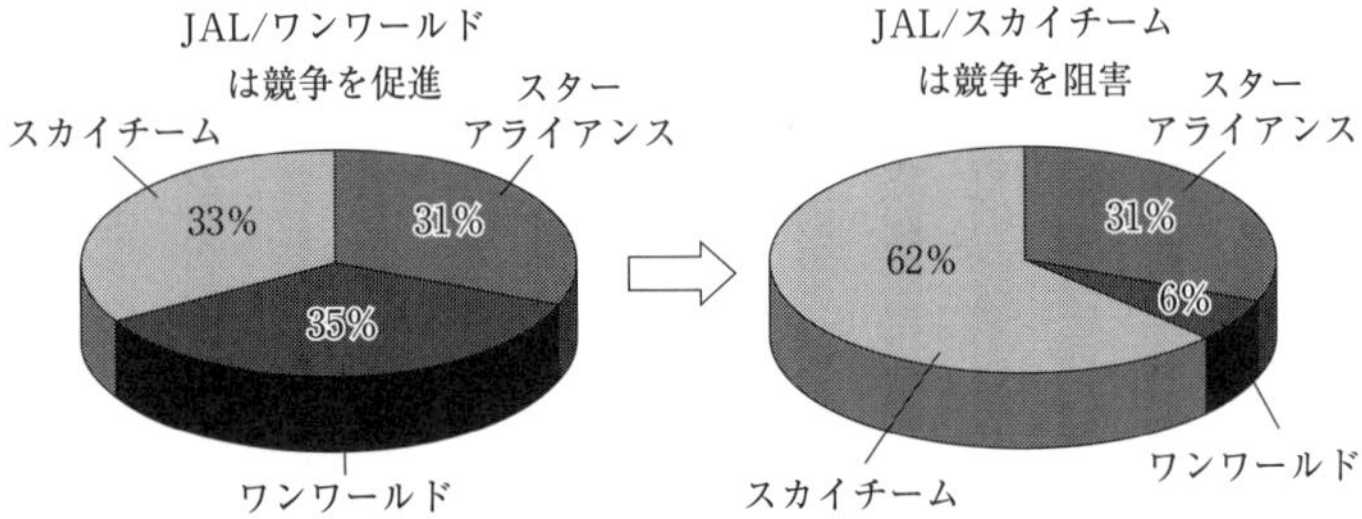

図 3.1 現状とワンワールドから日本航空の脱退した場合のアライアンスのマーケット

注）アメリカン航空セミナー資料より
出所）MIDT（2009 年上半期）

れを利用し、陣営に有利な展開にしようと努力した。

争奪戦の最終段階まで、デルタ航空が有利とみなされ、実際にデルタが勝ちを収めたという報道がなされたこともある。しかし、最終的には日本航空はアメリカン航空、すなわちワンワールドとの提携関係を持続させる方向を選択した。

この選択に大きな影響を及ぼしたのは会長である稲盛氏の意向であるといわれている。その選択した主な根拠はスイッチングコスト（切り換え費用）の大きさである。

日本航空にとって、当面の最優先事項は更生計画の実施、経営再建であり、そのためにもてる資源を最大限導入すべきである。しかし、ここでデルタに移ると、予約システムの変更、ロゴの変更、ブランドの再構築などさまざまな作業を行わなければならなくなる。そのためには、多大なる人的資源や金銭を投入しなければならない。このような分散投資を行うことは、本筋を外すものであり、この段階では乗り換えることは適切ではないということである。

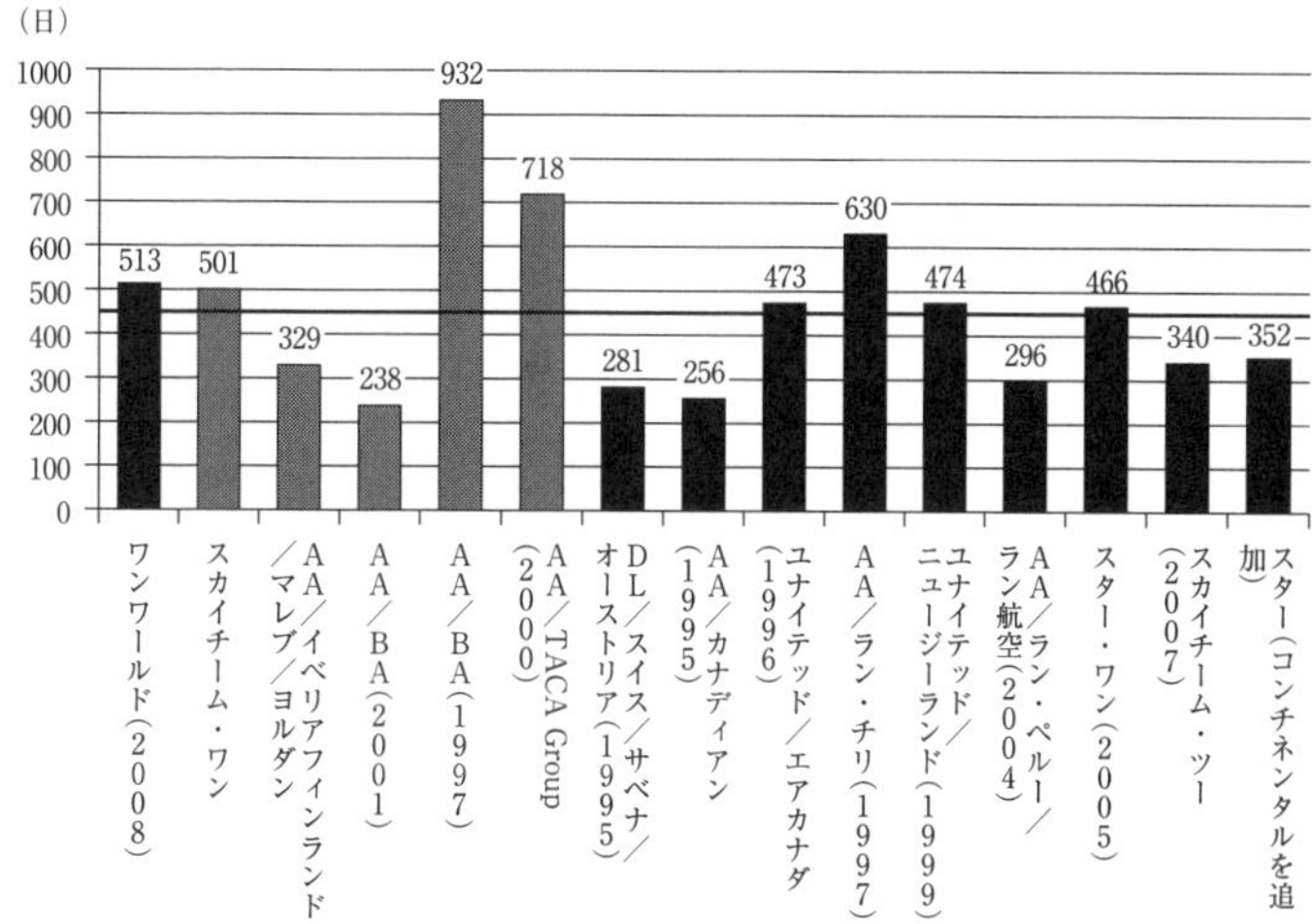

図 3.2　申請から DOT の最終決定/却下までの総日数（運輸省）

注）ここでの平均は 453 日

出所）アメリカン航空セミナー資料

これは、まさにアライアンスの囲い込みの効果が現れたものとみなすことができるだろう。いったん一つの陣営に属してしまうと、そこから脱退して他のアライアンスに属することが難しくなるのである[1]。

しかしながら、今日、この乗り換えコストの存在にもかかわらず、実際に加盟するアライアンスを変更する動きも出てきている。日本航空の場合には、経営再建という特殊事情があったということがあるが、その他の航空会社にとっては、生き残りのための非常に重要な経営判断として、その時々でどのアライアンスに加盟するかが最も有利であるかを見極めていくことが重要になってきたのである。

このことは、逆にみれば、アライアンスに

とっても絶えず自らのあり方を見直し、その魅力を高めていかなければ、加盟社数を減少させてしまいかねないということになる。しかも、加盟社数はどんどん増加している。それらをどのように有機的に組み合わせ、アライアンスとしての全体最適をどのように図っていくのか、そのための管理体制をどのように構築していくかがアライアンスにとって重要となっており、それは特にアライアンスのリーダーとなる航空会社の裁量に大きく依存していくことになるのだろう。

2 アライアンスの今後とその問題

ここまでみてきたように、現在の国際航空市場において、アライアンスの占める地位は非常に大きい。アライアンスがその力を十全に活かせば、それはさらに市場で大きな力となっていくであろう。その可能性は、その拡大傾向をみればかなり大きい。場合によっては、かなりの市場占有率を達成し、国際航空市場はアライアンスの独占的市場となって、消費者にとってはスケールメリットを享受できるどころか、むしろ運賃の引き上げなどが行われて問題となる場合も出てくるだろう。したがって、今後は、アライアンスの動向についてより詳細な市場監視が必要となってくる。つまり、規制の強化を行い、特に国境を越えた権限をもった有効な国際的監視と規制がなされることが求められる。

しかし、あまりにもこうした規制が強すぎると、企業の自由な活動が阻害され、むしろ効率が悪くなり、それは結果として消費者に最適ではない運賃、サービスを提供することにつながってしまう。また、市場の状況は情報機器の進展など、与件の変化によって絶えず変化するので、規制のあり方もそれに応じて適宜見直していかなければならない。この作業をどこまで柔軟かつ迅速に行っていくことができるかが、今日における国の国際競争力を大きく左右することになっている。

そして、もう一つが、アライアンスに対抗する健全な競争者を育成することである。それこそ、次章で検証するＬＣＣである。ただし、三大アライアンスの構成で示したように、ＬＣＣがアライアンスに加盟する動きもあり、市場はさらに複雑さを増している。この動向が今後どのようなかたちを最終的に形成していくのか、大いに注目していきたい。

（1）このことは、過去においてはＣＲＳ（Computer Reservation System）に関して現れた。一九八〇年代の米国では、規制緩和が進むとともに航空各社間競争が激化したが、その際、再寡占化の方向に回帰させた主な要因の一つにＣＲＳがある。当時優勢であったＣＲＳはユナイテッド航空の「アポロ」とアメリカン航空の「セーバー」であった。このいずれかの傘下に入らなければ生き残りは難しかったと同時に、どちらを採用するかで二つのグループに分かれることになったのである。そして、この際にも乗り換えコストの大きさが問題となった。

第4章　ＬＣＣの台頭とこれからの展望

ＬＣＣという言葉は日本でもかなり一般的に使用されるようになってきている。ＬＣＣとは Low Cost Carrier の略であり、日本語では格安航空会社と訳されている。しかし、ただ安いというだけではなく、最近ではその斬新な経営手法が注目を集めるに至っている。

一方、二〇一一年三月になると、最も優良企業の一つとして、さまざまな経営書に取り上げられ、賞賛されてきた米国サウスウェスト航空の機体に損傷が発生し、機体を酷使したために金属疲労を引き起こしているとして、その経営手法を問題視する見解が初めて示された。これは、これまでほとんど無批判的に賞賛されてきたＬＣＣの成長にとって大きな潮目となる可能性がある。

とはいいながら、ＬＣＣが人びとの移動を容易にしたこと、特に成長するアジアにおいては、それまで旅行など縁の遠いものであった中間所得者層、低所得者層に旅行需要を喚起し、その生活を豊かにした貢献は極めて大きなものがある。いまや、ＬＣＣ抜きには航空市場を語ることができないのも事実である。以下、ＬＣＣが発展を遂げてきた経緯と、日本におけるＬＣＣの現状、その課題・展望についてみていくことにしよう。

1　米欧におけるＬＣＣの台頭と躍進

1　米国のＬＣＣ

米国、あるいは世界のＬＣＣの代表といえるのがサウスウェストである。創業は一九七〇年代と古いが、注目を集めだしたのは一九九〇年代、米国ではＩＴバブルが発生していた時である。

創業以来増収増益を続けており、しかも、二〇〇〇年代に入って9・11の同時多発テロやイラク戦争、リーマンショックなど、未曾有といってもよいようなイベントがあったにもかかわらず増収増益を維持したことは驚嘆の的となった。

サウスウェストの経営手法は、その後に続くＬＣＣのモデルとなっている。

(1)　ハブ・アンド・スポークからポイント・トゥ・ポイントへ

従来の航空会社がハブ・アンド・スポーク（hub and spoke）といわれる路線展開戦略を採用していたのに対し、サウスウェストは各路線を完結させたかたちで独立的に展開していくポイント・トゥ・ポイントという路線展開戦略を採用した。

この戦略がもたらした効果は以下のようなものである。

①　大都市における混雑空港の使用を避けるため、空港使用料などのコストを削減することがで

き、かつ混雑による飛行機の離発着の遅れを防ぎ、定時性を確保できる。

② 乗継ぎにおける荷物の取扱いを行わないことによって、余分な労働コストなどを削減することができる。

③ 何といっても利用者には、直接目的地にいけるというメリットは大きい。ハブ・アンド・スポークの考え方はあくまでも貨物を取り扱うなかで生まれてきた発想であり（フェデラル・エキスプレスがこれを最初に発案し、導入した）、利用者にとっては、乗継ぎを前提とする移動を強いられる場合があり、時間の浪費につながっていた。

また、機材を統一し、スケールメリットを追及した。ハブ・アンド・スポークの場合には、需要に見合った供給という考え方から、大都市間輸送のような高需要路線については大型機を、地方路線の場合は低需要路線には小型機を用いた。しかし、多種多様な機材を抱えるということは、

サウスウェスト

それだけパイロットや整備士、そして部品も多く抱え込まざるを得なくなる。というのは、パイロットや整備士は機種ごとに免許が付与されるからであり、部品は当然機種によって異なってくるからだ。

これらが統一されることにより、人件費の削減、部品保管スペースの削減、さらには航空機メーカーや部品供給メーカーに対して大量に購入することから、交渉力（バーゲニング・パワー）を高めることができ、より有利な条件での購入が可能になるのである。

(2) 従業員に対する姿勢

そして何よりもサウスウェスト成功の要因とみなされたのが、従業員を厚遇していることである。高給を保証し、福利厚生を手厚くすることで従業員のやる気を引き出し、優れたサービスを提供させることを可能にしてきた。また、従来の航空会社であればセクショナリズムに陥るところを、各部門を越えた協力関係を引き出し、それが総合的な競争力を生み出すことにつながっていったのである。

こうした協力関係の構築は、その生い立ちにもよるところが大きいものと思われる。米国では一九八〇年代に航空行政に関する徹底的な規制撤廃が行われ、航空各社間の激しい競争が発生し、そのなかで多くの航空会社が淘汰され、失業者も増大していった。そうした失業者のなかからサウスウェストの従業員は初期従業員の多くが雇用された。彼らの是が非でも航空業界で働き続けたいという熱意が、従来にない労使関係を生み出していったものと思われる。

このような従業員を大切にするということを通した労働インセンティブの引き出し方は、マイクロソフトなど、その他多くの優良企業に共通するものであり(1)、次にみるジェット・ブルーが採用した成果主義とは極めて対照的である。

(3) ジェット・ブルーが提起した問題

サウスウェストと並んで、米国のＬＣＣとして代表的な存在なのがジェット・ブルーである。

ジェット・ブルーについては、その成果主義に批判の目が向けられたことがある。パイロットは飛行実績に応じた賃金を支払うことから、悪天候でも飛ぼうと試みるようになった。その結果、航空各社が悪天候によって早々に運航を取りやめるような場合でも、最後までチャンスを待ち飛ぼうとするので、乗客が機内に閉じ込められる時間が長くなりがちとなったのだ。

近年新たに提唱されてきた権利概念として「パッセンジャー・ライト」(乗客の権利)というものがある。機内に長く閉じ込められるのは、この権利侵害となり、賠償請求の対象となってくるということになる。

確かに悪天候のなかでも目的地に着きたいと考える人にとっては、何としてでも飛ばせたいというパイロットの姿勢はむしろ望ましいものかもしれないが、安全性からみれば問題視されざるを得ない。

ただし、かつての日本の航空各社のように、実際に飛行していない時間の賃金を保証するような余

表 4.1　2009 年度における世界の航空会社ランキング（国際線）

	航空会社	旅客数（千人）
1	ライアンエア	65,282
2	ルフトハンザ航空	41,515
3	イージージェット	34,593
4	エールフランス	31,256
5	ブリティッシュ　エアウェイズ	27,844
6	エミレーツ航空	25,921
7	KLMオランダ航空	22,333
8	アメリカン航空	19,514

出所）国土交通省「航空行政の現状と展望について」2011年１月，航空政策研究会資料

裕はもはや航空会社にはない。安全性と成果報酬の折り合いをいかにつけていくのか、という難しい問題がある。

２　ヨーロッパのＬＣＣ

ヨーロッパでＬＣＣが台頭してきたのは、一九九〇年代の規制緩和時代である。

ヨーロッパでは、一九九三年のＥＵ統合に伴い、航空行政もＥＵ域内で大幅に規制が緩和された[2]。これによって大きなビジネスチャンスが開かれ、当該地域でＬＣＣが誕生していったのである。

ただし、規制緩和による急激な市場変化とその悪影響を懸念し、一九九七年までは事態の経緯を慎重に見守り、何か問題が生じた場合には、政府が介入することを可能にする「セイフティ・ガード条項」が機能していた。その結果、本格的にＬＣＣがヨーロッパ市場を席巻するようになるのは一九九七年以降になる。

現在では、ライアンエア、イージージェットという二大ＬＣＣをはじめとして、多くのＬＣＣがヨーロッパで活躍しており、特

にライアンエア社は、大手航空各社を抑え、国際線の輸送実績においてトップに立っている。

（1）『破天荒2』日経BP社参照。
（2）『航空の規制緩和』勁草書房参照。

2　アジアにおけるLCCの台頭と躍進

1　エア・アジアの大躍進、LCC専用ターミナルへの注目

アジアにおいても近年、LCCが猛烈な勢いで勢力を伸ばしてきている。その代表的な存在となっているのがマレーシアのエア・アジアである。

エア・アジアは、従来の国営企業であったマレーシア航空との間で、当初かなり差別的な待遇を受け苦しんだものの、その革新的な経営によってマレーシア航空を凌駕するに至った。そしてその路線の多くを引き継ぐことになる。

エア・アジアを語る際には、そのサウスウェストとの共通性とともに、CEOであるトニー・フェルナンデスのカリスマ性を見逃すことはできない。

また、LCCのお手本どおり、予約販売などにおいてITを極めて効果的に活かしていることも注目すべきだ。これによって旅行代理店の力に頼らず、独自に販売、マーケティングができるため、コ

ストを削減しながら、効果的に次の販売戦略を組み立てていくことができる。

ＬＣＣ専用ターミナルの状況をみると、マレーシアの場合、それが非常に有効なものであるとはいえない。

まず、大手航空各社が使用するメインターミナルと距離的に離れているために、両者間の乗継ぎがうまくいかないことである。これがある程度距離が離れていて、実質的に都市圏第二空港、第三空港として位置づけられるのであれば、かえって両者の関係は対等なものとして利用者の理解は得やすいものとなるだろう。それが中途半端に近距離にあるから、そのＬＣＣ専用ターミナルの地理的な位置づけに対して不満が残る結果となっている。

また、入国管理官が不足していることである。現地の関係者によると、これはメインターミナルについても同様であるとのことであった。このため、入国審査に時間がかかり、ＬＣＣに対するイメージを損なう結果ともなっている。機材の

エア・アジア

運用効率を最大化する必要もあって、せっかく早発、早着を実現しながらも、ここで時間をロスすることで、旅程全体としてのサービス価値を最大化できていない。これは、国家としてＬＣＣをどのように戦略的に位置づけているかをみる一つの指標となる。

ちなみに、シンガポールのＬＣＣ専用ターミナルは、他のターミナルと連動しており、お互いの移動は極めてスムーズにできる。また、エア・アジアなどのＬＣＣもメインターミナルを利用している。シンガポールは航空先進国といわれて久しいが、こうしたところにも、その証をみることができよう。

ともあれ、エア・アジアによって、東南アジアの人びとの航空利用の可能性は大きく開かれ、これが観光需要などの増大を通して、経済に大きな貢献を果たしてきたことは間違いないところである。日本への乗り入れも果たし、今後どこまでＬＣＣが日本でも受け入れられるのかが極めて興味深いところである。当面は、東日本大震災による福島原発の破損による放射能汚染の問題による対応によって、ＬＣＣがどこまで日本路線を重視しているかがみえてくるだろう。

2　日本におけるＬＣＣ

(1)　これまでの状況

日本においては、まさにＬＣＣと呼ぶことのできるような航空会社はまだ誕生していない。

確かに新規航空会社と呼ばれる航空企業群がある。しかし、その多くは誕生してからすでに長い年月が経過しているが、制度的な問題もあって、革新的といえるような運賃を市場に提供できてはいない。また、スカイマークエアラインズを除いては、全日空からの支援を受けるようなかたちとなっており、その点でも独立性に問題がある。

さらにいえば、日本人は、サービスの提供は無料が当然であり、それに対価を払うという認識に欠けている面がある。そのため、ＬＣＣが得意とする無駄を徹底的に削ぎとり、余分なサービスについては対価を要求するという考え方がどこまで通用するかということに疑問が残る。

「新規」という名称についても見直しが必要である。その定義の一つとして、保有数が一二機以下というものがあるが、この規定からすれば、スカイマークはすでに新規航空会社とはいえないが、新規航空会社として発着枠の配分においては日本航空や全日空とは別扱いとされている。また、運賃設定についても、日本航空や全日空は新規航空会社の設定運賃よりも高めに設定しなければならないルールとなっているが、これが運賃の高止まりをもたらしている路線も存在している。これなどは、むしろ健全な競争を阻害し、消費者利益を損なうものとなっている。

さらには、諸外国の場合、新規参入に成功している航空各社の経営陣は、異業種からの参入であり、それまでの業界慣行から脱することによって革新的な運賃・サービスを生み出してきた。しかし、日本の場合には、航空事業を開始するに際して免許申請が極めて煩雑で専門的であるがゆえに、既存の航空各社からの転出組に大いに依存せざるをえなかった。その結果として、既存の業界慣行が彼らによって新規航空会社に対しても残されることになり、革新性をなかなか発揮できない温床となってきた面がある。

一方、アジアにおいてＬＣＣが極めて大きな存在感を示していること、日本政府がインバウンド観光に力を入れていること、デフレ経済が長引いていることなどの背景から、日本航空や全日空もＬＣＣ事業に無関心ではいられない状況になっている。

(2) 全日空のＬＣＣ事業

そのなかでも特に全日空は、ＬＣＣ事業を実際に立ち上げ、ＬＣＣ市場に積極的に食い込んでいこうとしている。香港の投資会社であるファースト・イースタン投資グループ(1)、ならびに政府系ファンドからの出資を受け、全日空色を出さないような形でのＬＣＣ会社の創設を進めている。会社名は Peach と決定された。

東日本大震災の影響もあったが、当面はそれによって全体計画を修正することなく、二〇一二年春に国内線への就航を果た

ジェット・スター

すとしている。その後あまり間をおかず、国際線への進出を行うことも発表している。

このモデルとしては、オーストラリアの大手航空会社が立ち上げたＬＣＣであるジェット・スターがある。ジェット・スターの場合、親会社にあたるカンタス航空と差別化し、まったくの別ブランドとすることで、需要の食い合いを避け、成功していると評価できよう(2)。

大手航空各社がＬＣＣ事業を成功させることができるかの多くは、この別ブランド化をどこまで徹底して進めることができるのかにかかってくると思われる。中途半端な形で両者の関係が残れば、お互いが中途半端な戦略的位置づけとなり、重なったターゲット領域に属する需要をお互いに食い合うだけにとどまらず、そのキーコンセプトが明確に市場に対して示されず（どのようなことを本当に目指している会社なのかわからない）、マーケティング面で大いに苦戦を強いられることになるだろう。

さらには、別ブランド化を徹底するために、母体となる航空会

カンタス

社からの経営の独立を図るべく、経営陣の陣容も母体航空会社の経営体質を引きずらないよう、人事の独立性、斬新性が求められる。この点については、日本の新規航空会社に関するところでも言及した点である。

なお、全日空の動きに対しては、空港使用料の減免など、関西空港が強く支援している。その結果、拠点は関西空港におかれることになる。空港としても、激しい空港間競争のなかで生き残りをかけてLCCの誘致、場合によっては自らの空港を拠点とする航空会社の育成を目指す傾向が強く、関西空港の場合もその例の一つとして位置づけられる(3)。

一方、二〇一一年七月、全日空は Peach とは別にエアアジアと共同でLCC事業を始めることを発表した。「エアアジア・ジャパン」は二〇一二年八月の運航開始を目指す。資本金は五〇億円で、全日空が約六七%、エアアジアが約三三%を出資する。全日空の出資比率が高いのは、国内線の運航に対する外資の出資制限をクリアするためである。成田空港を拠点とし、国内線は新千歳・福岡、国際線は中国主要都市のほか、韓国・仁川、東南アジア、グアムなども視野に入れている。運賃は、既存航空会社の運賃の半額から三分の一程度を目指すとしている。これについては、唐突な事業展開のような観を強くうける。果たしてこれが関西空港をベースとする Peach とうまく両立させていくことができるのか。全日空サイドでは共存という発想はもたず、あくまでも競争原理を働かせていくというが、下手をすれば共食いとなって共倒れの危険もある。また、全日空本体との三社体制をどうまく動かしていくのか、今後の展開が非常に注目される。

こうした全日空の動向に対して、日本航空も同年八月、ジェットスターとの共闘の道を選んだ。「ジェットスター・ジャパン」の設立である。日本航空とジェットスター、そして三菱商事がほぼ等分に出資し、二〇一二年度の運航開始を目指す。エアアジア・ジャパンとの主な違いは、日本航空は出資程度にとどめ、経営に主体的に関与せず、ＬＣＣのノウハウの吸収等を重視している点だ。今後詳細が明らかになるだろうが、本格的なＬＣＣ競争が日本にも到来しようとしている。

（1）香港で公職を多数歴任している Victor Chu 氏が率いる。中国国内を中心に、インフラ事業、不動産開発、金融サービスなど多岐にわたるプロジェクトへの投資を行っている。この投資グループが今後、この事業においてどこまで影響力を発揮するのかが大いに注目されている。

（2）日本へも関西空港を皮切りに進出を遂げている。進出当初は、設定した運賃がルール化された運賃範囲の下限を割っているとして、運賃設定の引き上げを要請された。その後は成田に移行した。

（3）ＬＣＣの誘致は従来、地方空港が中心となって進められてきた。別章で言及する茨城空港などはその例である。国内の航空会社が経営の見直しから便数の削減、あるいは撤退を進めていくなかで、生き残るための一つの大きな期待材料としてＬＣＣに目を向けてきたのである。しかしながら、ここに来て成田空港もＬＣＣの誘致に乗り出すべく、優遇措置をとろうとしている。羽田空港へのエア・アジアの乗り入れもあり、地方空港はオープンスカイの実質化によってさらに苦しい経営局面を迎えている。

3　これからのＬＣＣについての見通し

これまでは、特にその革新性、航空需要を大幅に拡大させてきたことから、ＬＣＣに対しては絶対的ともいえるような社会的評価が与えられてきた。特にＬＣＣの代表といえる米国のサウスウェスト航空は、航空業界だけにとどまらず広く一般的にも、優秀な企業として認知され、その経営のあり方が多くの他の産業でも応用されていった。特に従業員満足度（ＥＳ）の追求は、日本的経営とも通じるところがあり、非常に参考となるものである。

しかし、サウスウェストの飛行中の機体損傷事故を受け、今後は機材のオペレーション面を中心に、そのあり方にも一定の批判的検証が行われていくことになるだろう。こうした政策の見直しの動きは、どの市場においても、規制緩和が市場を活性化した後には、必ず出てくる現象である。

とはいえ、よほど大事故が発生し、ＬＣＣのあり方に根本的な問題が見出せないかぎり、ＬＣＣの勢いがそれによって大きくそがれることはないだろう。(1) 需要の二極分化（高付加価値高価格のサービス提供と低価格で簡素なサービス提供）はこれからも長期的なトレンドとなるだろうからである。

ただし、事故が起こってからでは遅いことも確かである。ＬＣＣが多く誕生した今こそ、そのあり方について安全性という観点から再度見直していくことは必要である。もっとも、それが自由な発想による航空産業の高度化を妨げるものであってもならず、これまで同様、安全への配慮と競争原理の確保という、両者の難しいバランスを模索し続けていかなければならない。この点においての航空行

表4.2　日本の主な「新規」航空会社

航空会社名	成立年月	運航路線数	保有機体数	主な出資者
スカイマーク	1996年11月	20	18	西久保慎一：52% エイチ・アイ・エス：10.1% オリックス：1.7%
エアドゥ	1996年11月		9	日本政策投資銀行 全日空　双日　北洋銀行　石屋製菓
スカイネットアジア	1997年7月		9	宮交エアグランドサービス：41.96% 全日空：14.99% 米良電機産業：11.72%
スターフライヤー	2002年12月		5	北九州エアターミナル 全日空　など
アイベックス	1999年1月		6	日本デジタル研究所：47.9% 前澤和夫：17.7% アールビバン：9.5% サザンインターナショナル：7.1% その他：17.8%
FDA*	2008年6月		5	鈴与：100%

注）＊FDAはフジドリームエアラインズ

政のあり方に期待が寄せられる。

（1）ただし、米国、ヨーロッパでは市場が成熟化したこともあり、最近になってこれまでにない変化も起こっている。たとえば、ＬＣＣ同士の統合である。サウスウェストはエアトランを吸収してその規模を一四七億ドルの収入を上げるまでになった。また、付加的サービスの導入によって、大手航空各社の需要に食い込もうとしている。座席指定、マイレージシステムの導入、またＧＤＳ（Global Distribution System）の採用などがその具体的現われである。また、従来は単一機材のみで運航していたものを、複数種の機材を組み合わせる動きも出てきている。さらには、アライアンスへの加入の動きもある（Airline Business, 2011 May)。

第５章　空港をめぐる政策展開と現状——その課題と展望

近年、日本では、空港整備のあり方がおおいに論じられるようになっている。それには大きく分けて二つの軸がある。

一つは国の基幹空港としての空港のあり方、そしてもう一つは地方空港の存在意義をめぐる問題である。本章ではこうした問題につき、整理・検討を行っていく。

1　基幹空港の現状

まずは、基幹空港として国際線に本格的に参入した羽田空港、羽田空港との差別化を狙う成田空港を取り上げる。そして、その後で、開港以来赤字経営から脱却できない関西空港、後発ながら実績をあげている中部国際空港についてみていくことにしよう。

1 羽田空港と成田空港

(1) 羽田空港の国際化

昨今の大きな話題は、やはり羽田空港の国際化であろう。二〇一〇年一〇月、第四滑走路の新規オープンに際し、国際線への本格的展開が開始された。新国際ターミナルもオープンし、以前の国際線ターミナルとは見違えるような施設となった。

羽田空港は、周知のように、もともとは国際線、国内線両方の中心であった。しかし、経済発展に伴い、取扱い量が限界に達したことから、国際線機能を千葉県成田に新しく造られた成田空港に移管し、基本的には国内線の基幹空港となったのである。(1)

これによって、首都圏の空港は、国内線ネットワークと国際線ネットワークが分断されたかたちになった。また、いずれも容量は十分ではなく、特に海外からの乗り入れ需要に適宜応えることができず、それが参入障壁として日本の航空各

羽田空港　新国際線ターミナル

社にとっては有利に働いたものの、利用者としては競争による利益を阻害するものとして認識されてきた。

こうした状況を打破するために、首都圏に第三空港を建設しようという動きが存在した。候補地を募った結果、一五の誘致希望が出された。しかし、いずれも実現可能性の点から見送られ、結局は羽田空港の拡充を図る方向で結論づけられるかたちとなった(2)。

(2) 成長戦略会議における羽田国際化の方針

日本の長期停滞傾向の打破を目指して、政府は成長戦略会議を立ち上げる。その議論を通して打ち出された成長戦略のなかでは、羽田空港の国際ハブ化が謳われた。

日本の首都圏の空港事情は、世界的にみても極めて特殊な状態にある。すでに触れたように、羽田空港と成田空港で国際線と国内線の分離がある。これだけであれば、韓国も（仁川と金浦）、上海も（浦東と虹橋）、台北も（桃園と松山）同様の状態にあるが、さらに米軍横田基地の存在によって、空域がおおいに制約されており、発着枠を拡大することが困難な一因になっていることがある。さらには、周辺アジア諸国が競って巨大空港を次々と建設し、または拡張しているということもある。

日本はこのままの状態で行くと、航空ネットワークの点においてその中心から離れ、日本経済の衰退の要因の一つとなる恐れが高いとの問題意識が、戦略会議のなかでも強く共有されたものと思われる。

表5.1　アジアにおける首都圏空港の現状

空港名	国　籍	滑走路	旅客数（万人）		貨物量（万トン）	
			国際線	国内線	国際線	国内線
北京	中国	3,200 3,800×2	1,340	4,254	64	73
浦東	中国	3,000 3,400 3,800 4,000	1,150	1,654	192	63
チェックラップコップ	香港	3,800×2	4,714		363	
スワンナプーム	タイ（バンコク）	4,000 3,700	3,010	699	114	2
チャンギ	シンガポール	4,000×2	3,629		186	
仁川	韓国（ソウル）	3,750×2 4,000 3,750（平成34年供用開始予定） 3,750（平成37年度供用開始予定）	2,997	41	238	
成田	日本	2,500 4,000	3,232	114	206	
羽田	日本	2,500×2 3,000 3,000（3,360）	235	6,440	1	76

出所）平成23年1月航空政策研究会資料『航空行政の現状と展望について』国土交通省

そこで、東京都心部からのアクセスがよく、利便性の高い羽田空港を再国際化し、国内線と国際線の乗継ぎを便利にすることで、日本の航空分野からみた国際競争力を回復・向上させ、日本経済浮揚につなげていこうとしたのである。

羽田空港の国際化が進展すると、地方居住者にとっても、その利便性は大いに向上する。

それ以前であれば、成田空港への国内線ネットワークは便数が極めて限られていたことから、東京で前泊、後泊して成田空港からの国際線を利用するか、あるいはむしろ、地方空港に積極的に展開している韓国の航空会社を利用し、韓国経由で最終目的地に行くしかなかった。特に後者の場合、首都圏空港の空洞化につながっているとして、運輸白書でも以前特別に問題として取り上げられたことがある。

しかし、羽田空港の場合、すでに相当な国内線ネットワークが構築されている。羽田空港内での国内線から国際線への乗継ぎの利便性も高く、地方空港利用者も海外に向かう選択肢がおおいに増えることになる。

また、空港までのアクセスの向上によって、レジャー面でも、旅程に費やす時間を最大限効果的に活かすことができる。このように、羽田空港の再国際化は非常な期待をもって迎えられた。

しかし、誤解してはならないのは、羽田空港だけでは首都圏をはじめとした国際線需要を賄うことは到底できないということである。世論をみると、そのような雰囲気で羽田の国際化をとらえていると思われてしかたのないものが散見される。

そもそも羽田空港に配分される国際線の発着枠は限られており、成田空港の発着枠と合わせることではじめて国際的に標準的な発着容量をもつことができる。

また、新滑走路の配置も、その効率的運用において制約を課すものとなっている。つまり、発着方向が隣接する平行滑走路と重なるようになっており、安全への配慮から、同時離発着ができないものとなっているのだ。

羽田にはこれ以上の滑走路の拡張余地はないといってもよいだろう。であるならば、これまで同様、成田空港とどのような共存体制が構築されるべきなのかが、問われていくことになる。

(3) 成田空港をめぐって

一方、成田空港であるが、周知のとおり、その用地選定に関して、地元民に事前説明が不十分で、十分な合意形成がなされないままに着工されたため、その後、空港建設に対する激しい反対闘争が繰り広げられることになる（これに、安保闘争の終結で行き場をなくした学生運動が合流し、問題をさらに拡大していく）。

その後、円卓会議の開催によって、住民

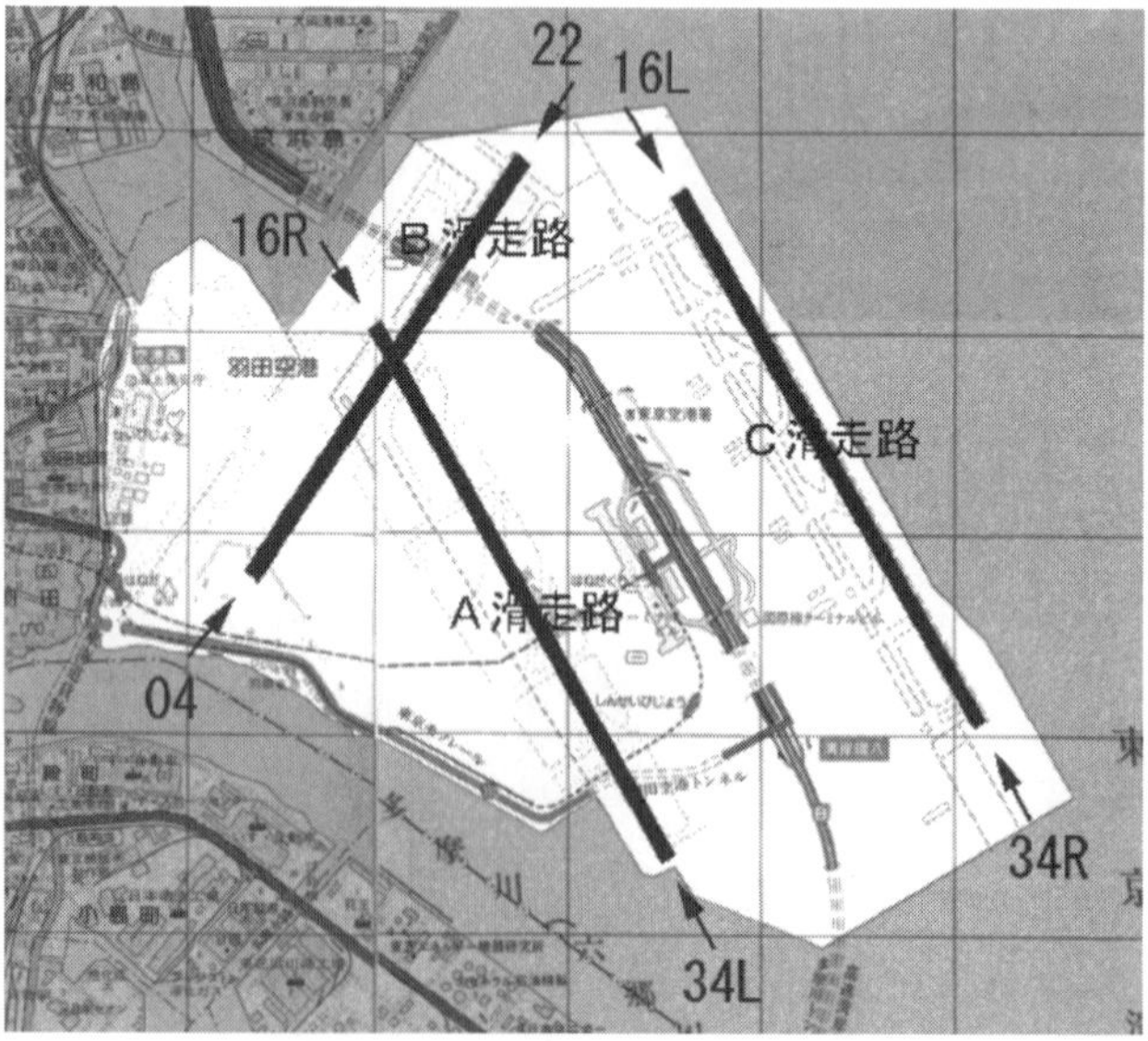

図 5.1　羽田空港の滑走路の配置図

との関係もかなりの程度改善され、成田空港もその機能を十全化させる方向に向かっていったが、暫定滑走路の完全化の遅れなど、その後も改革は迅速には進んでこなかった。

しかし、羽田空港の再国際化が現実のものになったことで、成田空港の対応もこれまでとは全く違うものとなってきている。

それまでは、成田空港の運用時間の拡大に慎重で、反対の姿勢を表明してきた住民が、羽田空港へ需要が移ることによる地域経済への影響を恐れて、積極的に運用時間の拡大を承認するようになってきた。それは発着枠の拡大にもつながり、総発着枠は、これまでの二二万回から、航空管制の習熟期間などを経て、近い将来には三〇万回まで引き上げられていくことになる。

成田空港のターミナルビルも新たに整備され、快適な空間を提供し、アライアンスに対しても、おのおののターミナルをアライアンスごとに配置し、メンバー企業間の乗継ぎ便の利便性を高めている。

また、都心からのアクセスの向上も見逃すわけにはいかない。京成電鉄が成田空港までより直線的な新線を建設し、日暮里から成田空港を四〇分弱でつなぐことを可能にした。これは、国際的にみても遜色ないアクセス時間であるといってよい。

このように、羽田空港の再国際化と相まって、成田空港の競争力もかなりのものとなっている。今後、両空港の関係がどのようになっていくのかが大いに注目されている。

恐らくは、羽田空港はビジネス利用、成田空港はレジャー利用が中心となっていくものと思われる。前者は時間に対する選好性が高く、後者は価格に対して敏感だからである。しかし、どちらにせよ、それは自由な企業行動の結果、自然とそのようなかたちに落ち着いていくのであり、強制的に役割分担をさせることには必ず無理が生じてくるので避けるべきである。そうではなく、市場原理に基づいて、間接的に両空港の利用を促進していくことが望まれる。成田空港がＬＣＣ専用ターミナルを建設しようとしているのも、その傾向を表すものと評価できるだろう。

今後は、羽田空港と成田空港間の直接アクセスをさらに改善していくことも重要であろう。神奈川県の前知事である松沢氏は、両空港間をリニアで直結すべきであるという主張を展開していたが、これなども一笑に付すのではなく、その費用対効果、実現可能性について精査して真剣に論議すべきものであると考える。

(4) 運用時間帯の制限とアクセスの問題

羽田空港が空港としての価値を最大化するためには、運用制限の問題は今後早急に解消されるべきであろう。

羽田空港は成田空港、そして千葉県への配慮から、欧米線に関しては、成田空港が夜間運用を停止している時間帯に限定している。これによって、深夜早朝帯における羽田空港へのアクセスの問題が生じているのだ。

二四時間空港として十分な機能を発揮させるためには、空港へのアクセスも二四時間確保されていなければならない。特に東京のように公共交通機関が発達していて、米国のような車社会とは異なる都市構造をもっている場合、羽田空港へのアクセスも当然モノレールや鉄道、リムジンバスなどの公共交通機関が中心となる。

しかしながら、規制緩和政策の影響もあって、公共交通機関はどれも厳しい経営環境におかれており、実需要に先行してサービス提供を開始しようとはならない状況にある。つまり、ここには「卵が先かニワトリが先か」という問題があるのだ。

この点、後に述べるように、貨物に関しては、荷物は文句をいわないので、当面の対応としては貨物を優先して深夜早朝帯にさばくということも考えられるのだが、成田空港にすでに基盤をもち、しかも取扱い容量に余裕のある現状では、すぐに羽田空港に取扱いをシフトさせようということにはならない。そもそも羽田空港における貨物取扱い料金は高いという貨物業界からの批判がある。

旅客を主体としての羽田空港の二四時間運用ということを再度考えてみるならば、まずは空港の商業施設の二四時間化を先行的に行い、そこに旅客以外の、つまり羽田空港で楽しい時間を過ごしたいという都内からの人の流れを引き込むことが考えられる。

こうして、羽田空港への人の移動が活性化すれば、それに応じて公共交通機関も、その運行時間帯を拡大していくことだろう。そうすれば、結果的に深夜早朝便を利用する旅行客のアクセス手段も提供されることになる。

そして、欧米便についても昼間帯に運航することを可能にしなければならない。そうしたからといって、成田空港の需要が一気に羽田空港に移行してしまうということは物理的にも不可能なのだからである。

羽田空港の供給容量は、すぐに上限を迎え、再び供給制約の状態に至るものと予想されている。さらには、今回の東日本大震災によって、日本への運航を休止する動きも出ている。よりフレキシブルに対応していかなければ、せっかくの羽田空港のもつ国際競争力も十分に活かすことができないままに終わってしまうかもしれない。

(5) 横田基地の存在

前述した首都圏における空港の発着枠制約の根本的な原因となっているのが、米軍横田基地の存在で

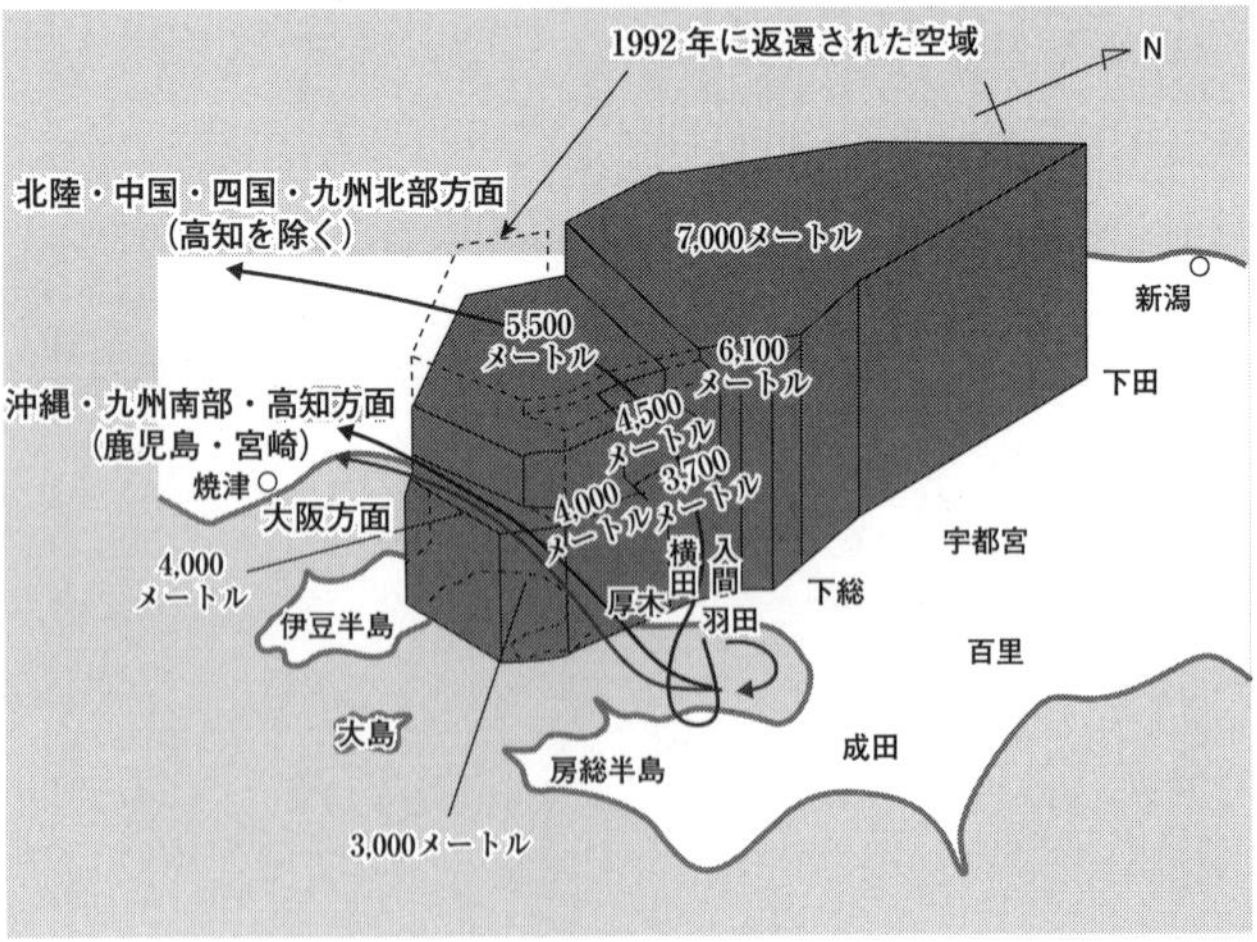

図 5.2　横田空域

ある。横田基地が日本に返還されれば、首都圏の空港事情も根本的に改善されるであろう。しかし、これは安全保障上の取り決めという国際政治の問題であるがゆえに、一切先行きを正確に予想することができない。

　横田基地が首都圏の発着枠制約になっているのは、その上空に民間機が侵入できないことにある。近年、徐々にその空域は返還されてきているが、依然として大きな障壁となって、首都圏の空域を制約している。また、この空域を短い軌道で飛び越えていかなければならない、あるいは旋回しなければならないので、航空各社にとって最適な飛行ルートを設定できず、燃料の無

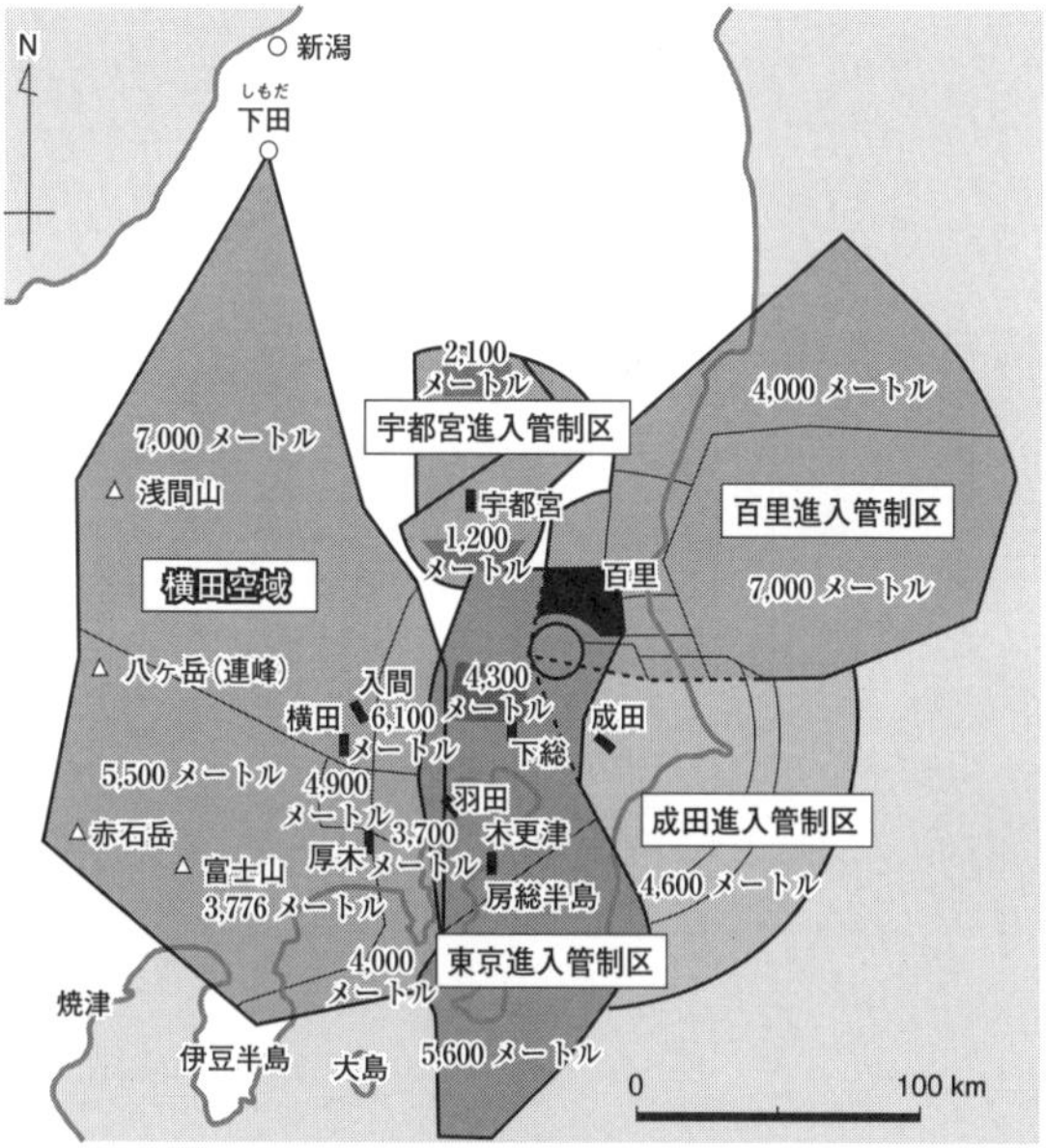

図 5.3　首都圏全体の空域

駄を生じることにもなっている。

後に取り上げるビジネスジェットの推進において、この横田基地に米国のビジネスジェットを乗り入れることができないかとも考えられている。同じ米国のビジネスジェットであれば、横田基地も受け入れる可能性があるのではないか、そうなればビジネスジェットの普及を大いに促すことにつながるのではないかと考えられる。

(6) その他の首都圏の空港

二〇一〇年三月に開港した茨城空港に関しては、開港前に就航する航空会社がなかなか決まらず、苦戦を強いられた。マスコミからも相当にその存在意義について否定的な報道がなされた。しかし、実際に開港してみると、中国のLCCである上海航空の好調さもあり、LCCに適した空港として再評価されるようになった。特に、駐車場から搭乗に至るまでの動線が短く、この点、小牧空港と同様に評価が高い。また、航空利用者よりも

調布飛行場

空港見学の訪問者が多く、その大きさが注目された。当初は出店を渋っていたテナントも、非常な利益を上げることになり、その後は出店を求めて競争が行われるようになった。

残念ながら、東日本大震災の発生時、ちょうど開港一周年でテレビカメラが入っている時に、天井が地震の影響で落下する映像が広く流れたため、茨城空港は震源地に近いという印象をもたれることになり、それがその後の海外からの観光客の誘致に苦しむことになってしまっている。このイメージをどのように払拭していくかが早急に取り組むべき大きなテーマである。

また、注目される度合いが極めて小さいが、東京都内には調布飛行場もある。現在は地元自治体とのさまざまな協定があって十分な活用がなされていないが、これも有効活用できれば、首都圏の空港事情は多様性を増し、その全体的な機能を向上させることにつながるであろう。

2　関西空港と中部国際空港

首都圏空港の動向は、その他地域の空港のあり方にも大きな影響を与える。特に、同じ国際空港として拠点をもつ関西空港や中部国際空港にとっては、非常に大きな影響がもたらされる可能性がある。

(1)　関西空港の行方

今回の東日本大震災によって、海外の航空各社のなかには、放射能汚染などへの対応もあって、関西空港へとその運航基盤を移行したところもある。しかし、これはあくまでも一時的なものととらえるほうがいいのではないかと考える。

　関西空港の最大の問題は有利子負債が極めて大きいということである。これは、民間資本で空港が建設されたこと、さらには海上埋立て空港であり、当初想定よりもはるかに地盤沈下の割合が大きく、そのための対策費がかかったことなどがある。この巨額の有利子負債を特別なかたちで短期的に処理しないと、関西空港の将来性は非常に厳しい。

(2)　伊丹空港との経営統合

　関西空港において、現在進められているのは伊丹空港との経営統合である。伊丹空港を売却し、その売却益をもって関西空港の有利子負債を処理しようというものである。

　このような考え方は以前にも提起されたことがある。それはより広範囲にわたるもので、成田空港や関西空港などを経営統合させようとするものであった。この時には、関西空港の経営責任があいまいになる、あるいは成田空港の経営努力が報われないなどの批判を浴びて頓挫した[3]。しかし、今回はすでに法案

表 5.2　関空会社の有利子債務の推移

2001（年）	11,692（億円）
2002	12,480
2003	12,494
2004	12,251
2005	12,029
2006	11,809
2007	11,200
2008	11,175
2009	10,523
2010〔中間〕	10,346

出所）航空政策研究会2011年1月資料，関西国際空港株式会社発表資料

化が周到に用意されて審議が進められ、二〇一一年五月一七日に法案は可決された。

この点、伊丹空港の現在価値を高めるために、取り組まなければならない課題がある。それが発着枠に関するものである。

伊丹空港は歴史的に騒音問題で地元民との間で激しいやりとりが行われてきた。その結果として、騒音が激しいとされているプロペラ機などの発着に関して厳しい制限が設けられてきた。

しかし、すでに述べたように、航空機の小型化が推進され、また航空機の性能も向上し、騒音値もそれに伴って低下してきている現状では、そのような規制も見直し、伊丹空港をより有効活用することで売却額を引き上げていくことができるであろう。

さらに伊丹空港に関しては、その存続そのものに関して激しい議論が展開されている(4)。そのなかで、とりわけ注目され

図5.4　リニア中央新幹線中央新幹線想定ルート

るのはリニア新幹線との関係である。リニア新幹線が東京―大阪間で開通すれば、航空は競争力を失うので、大阪において国内線の基幹空港となっている伊丹空港は不要となるというのである。

しかし、こうした姿勢は、リニア新幹線の独占を許容するものであり、そうなれば移動手段の選択は少なくなり、運賃の高止まり、サービスの低下が起こる懸念がある。ここではやはり競争原理を残すべきであり、さらに羽田空港からの国際線の乗継ぎなどの利便性を考えると、航空から新幹線より、航空同士の乗換えのほうが荷物の受渡しなどを考えた場合有利であることも考慮しなければならない。

なお、こうした意見とは逆に、伊丹空港を再度国際化すべきであるという意見も強い。関西地区において国際線のハブ空港となっている関西空港に比べて、大阪のビジネス中心地である梅田などへのアクセスが格段にいいからである。(5)

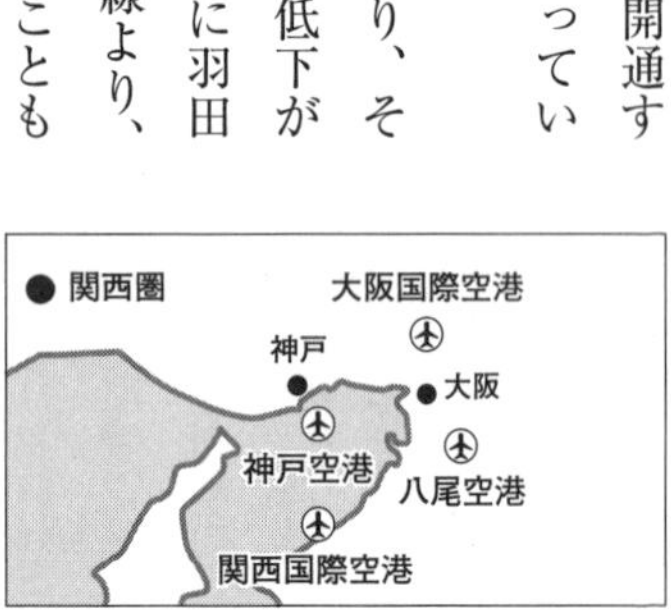

図 5.5　関西圏の空港の配置図

最終的には伊丹、関西空港に神戸空港を加えた三空港をどのように有機的に組み合わせて活用していくかという従来から提起されている問題に明確な回答を示さなければならない。現実には、伊丹と関西空港との関係に限られた議論が前面に出ているが、実際の状況に鑑みれば、ここに神戸空港の存在を無視することはできないだろう。

(3) 関西空港と貨物

関西空港は、貨物空港としても期待されている。特に第二滑走路（B滑走路）は、効率的な貨物の取扱いができるように、トラックの乗り入れ位置などの配置が工夫されている。

関西空港は二四時間運用が可能であるが、夜間に関しては公的交通機関によるアクセスがないため、旅客便の設定が難しい。しかし、貨物であれば二四時間空港としての特性をうまく活かすことができる。成田空港では運用時間の制約があり、また羽田空港には発着枠の制約などの問題があるので、関西空港は貨物便の振興に一つの活路を見出しているといってもいいだろう。事実、関東圏の貨物需要をトラック輸送によって関西空港まで誘導しようと試みている。この際に強力なライバルとなってくるのが、次にみる中部国際空港と、全日空が沖縄の那覇に設けた貨物基地である(6)。

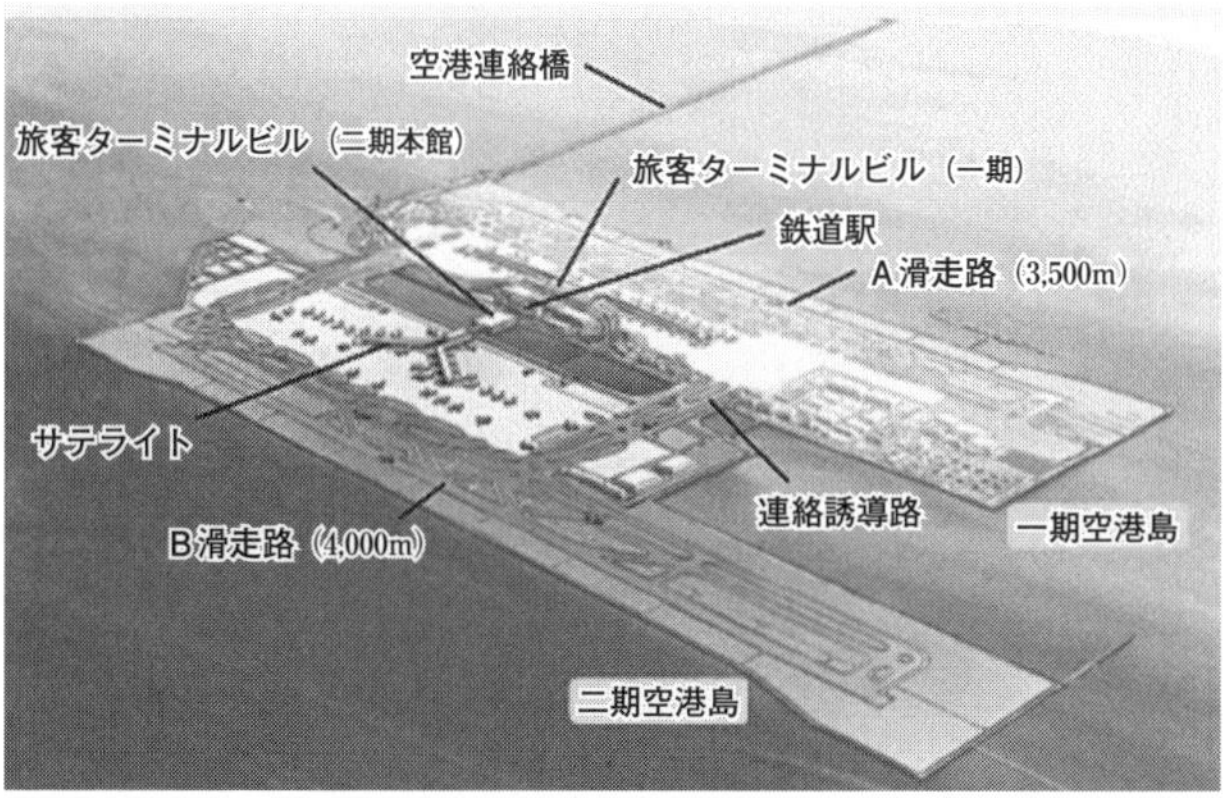

図5.6　関西空港の配置図

(4) 関西空港とＬＣＣ

さらに関西空港は、ＬＣＣの誘致にも積極的に取り組んでいる。先の章で述べたように、全日空のＬＣＣ事業の拠点は関西空港におかれることになったし、誘致のための優遇策も設けている。ただし、成田空港もＬＣＣ誘致に向けて動いており、今後、この点における競争は非常に厳しいものとなるだろう。

(5) 中部国際空港

日本の第三極としての存在感を示しているのが中部国際空港である。この空港は民活方式での建設・運用がうまくいっている例としてよく紹介されている。

建設段階では、コスト削減・工期短縮のためさまざまな工夫がなされ、従来にない短い工期とコストカットを実現した。また、空港経営についても、バザールの展開などテナントの配置を工夫したり、さまざまなイベントを開催して、その案内を空港周辺の住民に対して新聞の折込広告で知らせたりと、積極的な展開を行っている。

ただ、中部圏も、関西圏同様の問題を抱えている。小牧空港との関係をどのように考えるかということである。

小牧空港は、指定管理者制度(7)をいち早く導入し、成功を収めている。リージョナル・ジェットの拠点としても位置づけられ、市内とのアクセスもよく需要が高い。一方、中部国際空港に需要を集約させるべきであるという意見も強く、この点において大阪の場合と類似している。しかし、この地域の場合でも、小牧空港のもつ利便性やその経営努力をみれば、存続と有効活用はやはり積極的に図っていくべきであろう。

（1）実際には、台湾線を開設するに当たり、中国との関係に配慮して、中国線を成田から就航させ、国際線のうちの台湾の航空会社が運航する台湾線、およびハワイ線のみを羽田空港の国際線ターミナルで取り扱っていた。

（2）二〇一〇年三月に開港した茨城空港について、その地理的な関係から、これを首都圏第三空港に位置づけることは可能であろう。事実、ＬＣＣである春秋航空が茨城空港に就航したことによって、特に中国からの来日利用者はそのようにとらえているようだ。

（3）このような、一種の「内部補助体制」のもつ問題性については、他にも地方交付税交付金制度などの場合にみることができる。これについては拙著『日本財政学』芦書房などを参照のこと。

（4）大阪府の橋下知事は強硬に伊丹空港の存続に反対を表明している。

（5）この点、建設当初は批判の多かった神戸空港も同様である。神戸空港は神戸の中心地である三宮とモノレールで結ばれているため移動時間が予測しやすく、また、三宮から大阪へのアクセスもよいため、ビジネスパーソンを中心にその利便性が再評価されている。

（6）もちろん、全アジア圏でみれば、フェデックスが中国に新たに設けた貨物取扱拠点が注目される。

（7）経営を外部の民間会社に委託し、経営効率を高めようというものである。

2　地方空港の問題：空港の採算性の評価

これまでは大都市圏の空港についてみてきた。これに対して、以下では地方空港に目を転じてみよう。

1　地方空港の背景

すでに第1章でも少し言及したところであるが、容量不足が問題視され、拡張整備の必要性が叫ばれている首都圏空港と違い、地方空港の多くは、その存在が非効率的なものであるとして、近年批判の対象となってきた。

公共事業を通した地方経済の振興という意味合いもあり、空港整備特別会計制度のもとで、航空需要の増大とともに、地方には次々と空港が建設されていった。その結果、全国に九〇を超える空港が存在するに至った。これらのなかには、離島など、生活基盤の維持に欠かせない空港もあり、同列に論じられないものもあるが、新幹線の新たな開通などで、その利用率が低下し、経営採算性の問題が指摘されているものが多い。

空港の建設には多額の資金がかかる。その半額は国からの資金で賄われるとはいえ、残り半分は地元が拠出することになる。その資金の償還負担は馬鹿にならないし、地方経済が総じて停滞している状況において、高齢化の進展が都市圏以上に深刻な影響を被っている地方圏では、限られた財政資源をどの分野に優先的に振り向けていくかが重要な課題となっており、少しでも不要不急の財政支出を減らしていかなければならない。空港は、その対象として再検証されることになる。従来、空港の採算性は評価しにくい事情があった。それは、特別会計のもとで、全国の空港に資金が一括交付されてきたことから、個々の空港への配分状況が明確ではなく、そのことが個々の空港の収支構造を外部からみえにくくしてきたのである。

そのような状況に社会的批判が高まり、マスコミが独自に空港収支の試算を行うようになった。その結果は巨額の赤字を抱えている空港の存在を示すなど、衝撃的なものが多かった。(1)

こうした動きに乗るようなかたちで、行政も動き出し、旧第二種空港について収支の把握につとめることになる。また、業界団体、学識者が中心となった航空政策研究会でも独自に空港収支の試算を行った。

依然としてその手法には統一化のための課題が残っているが、こうした試みが議論を客観的なものにしてきたことはおおいに評価されるべきである。

もちろん、空港のもつ公共性を鑑みれば、民間と同様の評価基準を用いるべきかどうかという疑問は残る。しかし、それゆえに経営が弛緩してしまうことは前記の理由からも許されない。(2) 公共性の判断については、何よりもその存在についての地元の民意が十分に反映されるようなシステムを構築すべきであろう。

空港は地域独占のかたちとなるため、経営努力をしなくても厳しくその責任を問われなくても済まされる面がある。それに加えて収支がみえにくいという構造が重なってきて、地方空港の問題が大きくなったのである。今後は、経営責任を明確化するためにも、先に小牧空港の際に言及したような指定管理者制度の導入、そしてその延長線上では、民営化の方向が推し進められていくべきであると思われる。

2 廃港

最近では、ついに廃港となる空港が出てきた。

たとえば、北海道の弟子屈飛行場である。二〇〇九年九月二四日をもって供用を廃止した。ただし、弟子屈の場合には規模も小さく、地元にとってそれほど大きな影響を与えるものではなかったようだ(3)。

これに対し、最近、広島西空港が供用停止が決定されたことはおおいに注目されてもいいのではないかと思われる。

広島西空港の場合は、現広島空港が開港になるまでは、中国地方における基幹空港としての役割を果たしてきた。場所も広島駅からそれほど遠くなく、利便性にも優れた空港であった。ただし、空港の拡張余地に乏しく、航空機の大型化への対応ができず、その基幹空港としての機能を現広島空港に譲らざるをえなくなってしまったのだ(4)。

弟子屈空港旧ターミナル

しかしながら、現広島空港が開港した後も、広島西空港は、リージョナル・ジェットの空港として活用されてきた。そして、存続を続けるなかで、今一度この利便性の高い空港を活用できないかという議論がなされていたのである。そのことから考えれば、今回の決定はもったいない気がしてならない。

この背後には、県と市の対立という構造もみえてくる。現広島空港は、ＪＲ広島駅からリムジンバスで、高速道路経由で約四五分の距離にある。一般的にみればアクセスにおいて他の空港に比べてそれほど遜色ないものであるが、旧基幹空港であった広島西空港を利用した者からすればどうしても不便になったと思われてしまう。しかも、新幹線の高速化と運行回数の増加によって、新幹線に対する航空の競争力が低下している状況もあり、現広島空港の競争力を向上させていくためには、航空需要を分散させるような政策ではな

広島西飛行場

く、現広島空港への集約を図ろうということになったのである。いずれにしても、極めて活発に利用されていた空港が廃止になることのインパクトは大きいものがある。

廃港同様のケースとしては、こうした以前にも、かなり前のことになるが、福井空港に定期便が就航しなくなり、本来的な空港機能を停止したことがある。しかし、さまざまな航空ショーなど関連イベントを行うなどして、福井空港は、空港としては依然として存続している。

廃港に当たっては、かなりの困難を伴うのではないかと一般的には考えられるが、実際の廃港の手続きは比較的簡単である。供用を停止する一定期間以前に、その旨を世界に向けて公表し、認知を得ることである。(5) もちろん、正式な手続きはもう少し複雑なものとなるが、通常予想されるほど、煩雑なものではない。

ただし、空港が各種のテナントなどとの契約を結んでいる場合には、その解約交渉を行わなければならないので、実際に就航便を抱えているような空港の場合には、その分、廃港への労力は大きいものとなってくる。

(1) 国内線の基幹空港。なお、空港の分類については法律の改正によって、旧第一種、二種、三種空港という呼称はなくなった。

(2) 従来、公共事業の必要性を考える上で費用対効果の測定を行った結果では、効果項目のなかに「経済効果」に加えて「社会的効果」が加えられてきた。しかしながら、この「社会的効果」の算出基準があいまいなことから、費用対効果による評価が甘いものとなり、空港の過剰供給に結びついてきたことは否定できないだろう。

（３）廃止に至る以前は、観光シーズンにおける遊覧事業を主体とした飛行場運営を行ってきた。滑走路は五五〇ｍ×二五ｍ。

（４）広島西空港をめぐる歴史については、上野誠治『広島西飛行場』東洋図書出版、一九九六年を参考にされたい。

（５）たとえば弟子屈飛行場の場合、二〇〇九年七月六日に弟子屈町（設置管理者）から国土交通大臣に宛て空港廃止許可申請がなされた。それに対し、七月一〇日に空港廃止の許可がおりた。そのうえで、八月二七日に廃止告示を告示、九月二四日に空港廃止となった。

３　空港をめぐる課題

１　空港経営の問題

空港は周期的に大規模な補修や改修工事が必要である。そのために、相当な規模の内部留保を獲得しておくことが必要となる。メディアのなかには、この内部留保の大きさを問題視し、十分に資金が活用されていないという批判を展開するところもあるが、それは空港ビジネスというものの内容を理解していないことからくる誤解である。

空港内のテナント展開、施設の運用に関しては、法的にも自由度が担保されている。つまり、安全に深刻な影響を与えないかぎりは、かなり自由に運営することができるのである。

しかし、特に地方空港の経営陣のなかには、空港運営に関して、法的規制が厳しいがゆえにいろいろなことをやろうとしてもできないと愚痴をこぼす人が多くみられる、これは、自らの経営の怠慢に対する言い訳として、法的規制というものをもち出しているにすぎない。

そもそも、空港経営も一種の不動産経営にすぎない。後に議論する防災拠点として特化された空港でないかぎり、また、そうであるとしても、そこからどれだけの収益をあげることができるかは、その維持費用を最小化するためにも大きな関心事なのであり、何ができるかを常にビジネス的観点から精査していかなければならない。

たとえば地方空港の場合には、航空機の離発着にかかわる業務のために使用される時間が一日に占める割合が小さいところが多い。特に近年、航空各社がリストラ中で地方路線の整理見直しを行っている状況ではなおのことである。だとするならば、本来的には空港としての施設であったとしても、それを実質的には、たとえば地域のコミュニティセンターのようなかたちで位置づけ、その最大限の利用を図っていく必要がある。

その一つの取り組みが能登空港のものであろう。能登空港は搭乗率保証制度(1)を考案し、導入したことで全国の注目を集めたが、それだけではない。役所を空港に設置するなど、空港の不動産的価値を追及している。そして、その結果、人が空港に足を運べば、たとえばレストランなど、それに附帯するサービス需要が空港に喚起されることになる。

特に地方空港においては、地元の経済活動の一つの拠点と位置づけることで、その活性化を図るべきである。たとえば、ショッピングモール機能を空港機能に先んじるようなかたちで打ち出し、地元の人びとが空港を頻繁に訪れるようにする。そこで消費してもらうことで附帯収入を増加させ、空港としてのさまざまな活性化策を実行するための原資を獲得していかなければならないのだ。

搭乗率保証制度も含め、空港活性化策の実行に県民の税金が使われている状況にはやはり限界がある。そのためには、空港の存在が県民全員に確実にメリットがあることが県民に認知されなければならないし、どの県も結局は似たような政策を打ち出してくる可能性が高く、そうであれば、政策の有効性にも限界があり、県税の投入が無駄になることもおおいにありうるからである(2)。

また、経営方式として、民間の経営手法を積極的に取り入れる体制を推し進めていく必要もあるだろう。名古屋の小牧空港などは、指定管理者制度を導入することにより、この点において成功を収めている空港である。

また、中部国際空港ももちろん、トヨタの経営手法を導入することで革新的な空港経営の成果を収めている。空港の建設行程を短縮して債務を最小化したり、空港内店舗配置の工夫や、周辺住民に対する空港内イベントに関するチラシの配布などを行っている。

今後はネーミング・ライツ（命名権の売買）の効果的な導入なども検討する必要があるだろう。

② 外資規制の問題

空港経営に関しては、従来、安全保障上の要請から、外資の出資制限が規定されてきた。しかし、二〇〇八年六月に空港整備法の改正を行った際、国土交通省は従来どおり、三分の一までに外資の出資比率を抑えるという規定を設けようとしたが、強い反対にあい、結局のところ、改正法では、外資規制は撤廃されている。

空港における外資規制の問題に社会的注目が集まったのは、羽田空港のターミナルビルを経営する日本空港ビルディングに対して、オーストラリアの投資ファンドであるマッコリーが株を買い進めたことである。これをきっかけに、空港に対する外資規制をどのように考えるかということに関し、激しい議論が行われた。

公共資本に対する外資の出資比率の問題については、国防上の問題があり、批判的な論調も強くある。しかし、空港経営において先験的なヨーロッパの空港などの経営ノウハウを、外資の導入により得られることも考えなければならないだろう。そして、そのヨーロッパにおいては空港経営に外資の介入がさらに活発化している状況にある。有事の際に国が空港経営にどこまで関与できるのかを明らかにすることで、この問題への一定のより明確な指針を今後徹底的に議論し、打ち出していくべきであろう。

3　ネットワークとしての空港

空港は本来、ネットワーク財である。すなわち、一つの空港だけでは航空輸送自体がなりたたないのであって、常に複数の空港がセットになってサービスが提供できるというところに一つの特色がある。そこで、この空港ネットワーク全体を最大限効率的にしていくためには、ネットワークとして複数の空港を一体経営することが望まれる。

この点で先行しているのがヨーロッパである。ＥＵ市場が統合されていることもあって、国境を越えて空港を複数保有し、その運営を行っているところが多数でてきている。また、そこに対する域外からの投資も行われている。

外資規制が外されたこともあり、日本の空港も、こうした空港ネットワークのなかに組み込まれていく可能性を完全に否定はできなくなった。

4　都市計画との連動の必要性

空港の社会的価値の最大化ということを考える場合、その周辺環境とどのように調和のとれたかたちで空港を位置づけるか、あるいは周辺地域の発展戦略に空港の成長戦略をいかに組み込んでいくかということがある。

これまでの地方空港の場合、就航便の少なさによる利用率の低さもあり、空港が地域から遊離した、孤立的な存在であることが多かった。その結果、地元民にとっても、空港に対する親近感はいまひとつであり、愛着がもちにくく、むしろ騒音などの問題を引き起こすやっかいな存在とみなされていた気味がある。

そして、行政サイドも、都市計画の策定にあたって、空港の存在を十分に意識し、計画のなかに位置づけていこうという意識が不十分ではなかったのではないかと思われるふしがある。

しかしながら、空港の利用を活性化させていくためには、アクセスを向上し、常に人が集まるような空間にしなければならない。それによって、地元民の支持を得、空港を中心とした地域振興の実践も本気になって行われていくことが可能になる。つまり、空港を核とした都市形成というコンセプトを顕在化させていくことが求められているのである。

このように、空港を都市とどのように融合させていくかは、空港の経営戦略とも完全に重なるところである。

5 航空貨物の問題

ここまでも何度か言及してきたが、空港振興について考える場合、ともすれば人の移動の面に注目が傾きすぎるきらいがあるが、貨物の取扱いの振興も同様に、あるいは場合によっては旅客の取扱いよりも地域経済にとって重要であることがある。

それは何よりも、航空貨物の取扱いは、旅客の取扱い以上に雇用振興につながることが考えられるからである。貨物の取扱いには附帯する作業が多く、それだけ人手がかかるのだ。(3)

表 5.3　2010 年貨物総取扱量ランキング（国際・国内貨物・郵便の合計）

順　位	空港名	取扱量（トン）	前年比（%）
1（2）	香港	4,168,394	23.2
2（1）	メンフィス	3,916,937	5.9
3（3）	上海	3,227,914	27.1
4（4）	仁川	2,684,500	16.1
5（6）	アンカレジ	2,578,396	33.1
6（5）	パリ	2,399,067	16.8
7（9）	フランクフルト	2,275,106	20.5
8（8）	ドバイ	2,270,498	17.8
9（10）	成田	2,167,843	17.1
10（7）	ルイビル	2,166,226	11.1
11（11）	シンガポール	1,841,004	10.9
12（12）	マイアミ	1,835,793	17.9
13（13）	ロサンゼルス	1,810,345	15.5
14（15）	台北	1,767,075	30.1
15（16）	ロンドン	1,551,405	15.0
16（14）	北京	1,549,126	5.0
17（17）	アムステルダム	1,538,135	16.8
18（19）	シカゴ	1,424,077	30.0
19（18）	ニューヨーク	1,343,114	17.4
20（20）	バンコク	1,310,146	25.3
21（21）	広州	1,144,458	19.8
22（22）	インディアナポリス	947,279	5.2
23（23）	ニューアーク	854,750	9.6
24（27）	深圳	809,363	33.6
25（24）	羽田	804,995	1.9
26（26）	関西	759,278	24.7
27（25）	ルクセンブルク	705,370	12.2
28（28）	クアラルンプール	697,015	15.6
29（30）	ムンバイ	671,238	18.5
30（―）	アトランタ	659,129	17.0

注）順位内（　）の数字は前年順位

出所）『日刊CARGO』2011年４月27日付

表 5.4　2010 年国際貨物取扱量ランキング（速報）（郵便を含む）

順　位	空港名	取扱量（トン）	前年比（%）
1（1）	香港	4,130,579	23.4
2（2）	仁川	2,633,661	16.2
3（6）	上海	2,343,366	32.0
4（3）	ドバイ	2,182,864	18.2
5（7）	フランクフルト	2,149,102	22.3
6（5）	パリ	2,142,194	20.0
7（4）	成田	2,125,730	17.4
8（8）	シンガポール	1,813,810	11.0
9（11）	アンカレジ	1,786,854	43.0
10（9）	台北	1,752,872	30.3
11（10）	マイアミ	1,604,302	20.4
12（12）	アムステルダム	1,512,256	17.6
13（13）	ロンドン	1,470,569	15.1
14（14）	バンコク	1,259,181	25.5
15（16）	ロサンゼルス	1,025,333	21.7
16（15）	ニューヨーク	1,020,423	22.9
17（17）	シカゴ	931,403	31.5
18（19）	ルクセンブルク	705,080	12.2
19（20）	関西	702,011	28.6
20（24）	リエージュ	638,407	32.7
21（21）	ケルン	629,701	17.3
22（22）	クアラルンプール	617,358	15.9
23（25）	ライプチヒ	582,061	28.0
24（18）	北京	576,210	3.3
25（29）	ムンバイ	461,692	20.6
26（27）	ボゴタ	447,732	18.9
27（30）	アブダビ	437,806	15.6
28（28）	ミラノ	430,191	7.0
29（—）	イスタンブール	422,008	26.6
30（—）		417,858	23.2

注）順位内（　）は前年順位

出所）『日刊CARGO』2011年 4 月27日付

ただし、これまで、空港周辺地域の工業団地開発はあまりうまくいっていない。一時は「臨空産業」という言葉がよく用いられた。すなわち、空港の近くで生産活動を行うことが、立地上、特異な付加価値を生み出すという考え方である。しかし、実際のところ、その付加価値がどのようなものなのかは具体性を欠き、空港の近辺に工業団地を造成するものの、入居率が少なく、地域の経済振興には結びついてこなかった(4)。

今一度、空港に近いということがどのような産業に適しているかを検討し、それをビジネスとして振興し、航空貨物の取扱いの増大へと結びつけていくことが重要である。

6 ソーシャルロジスティクスという考え方

最後に、空港のあり方を考える上で参考となる概念について紹介しておきたい。

近年、物流研究のなかで、「ソーシャルロジスティクス」という概念が提唱され、そのあり方が追及されてきている。

従来は、人の動きと物の動きは別々のものとして取り扱われてきた。しかし、実際には両者間の連動性は極めて大きい。

たとえば、生産体制の国際分業化に伴い、物の動きは国際的に活発化し、ロジスティクスの最適化は、グローバル企業のサバイバル競争の上で極めて重要な要素となってきた。また、輸送過程そのものが在庫管理としての機能を果たしており、「輸送」が新たな意味づけを与えられるようになったのである。そうしたなかで、生産管理、あるいはさまざまな生産調整のための意思決定のために、人が生産現場を頻繁に訪れる必要も生じることになる。つまり、国際生産体制が充実すればするほど、それに伴う人の動きも活発になるのである。その結果として、人の流れと物の流れをべつべつに論じるだけでなく、相互の関係性を明らかにし、それを一体的に検討していくことが求められることになる。こうして、ソーシャルロジスティクスという考え方が注目されるようになったのである。

今後はこのソーシャルロジスティクスという観点から空港のあり方についても考えていくことが期待される。(5)

(1) 県と航空会社の間である搭乗率（全座席数に対して、どれくらいの座席が実際に利用されたかを示す割合）を設定し、それを上回る実績を残せば航空会社が地元自治体に利益を還元するし、もしそれを下回れば、地元の支援が足りないものとみなし、航空会社に、その路線維持のための支援金を拠出するという制度である。当初は七〇％に設定されたが、現在は六〇％前半まで低下してきている。その後、静岡空港も、日本航空との間でこの制度を導入したが、日本航空撤退に際し、係争問題となっている。

(2) この点からすれば、たとえば搭乗率保証制度についても、これをビジネスモデル特許のような形で、他の県の追随ができないようなかたちにすればよかったのではないかと考える。

(3) たとえば、貨物航空会社であるフェデックスは、メンフィスの砂漠の真ん中に拠点となる空港をおいたが、それによって雇用など、大きな経済効果を生み出した。

（４）たとえば、関西空港の対岸にある臨空タウンや、神戸空港の周辺地域などは企業の誘致にかなり苦戦した経緯がある。

（５）この点について、二〇一〇年、早稲田大学はアジア研究機構のなかにソーシャルロジスティクス研究所を立ち上げ、毎月の講演会であるコロキウムの開催やシンポジウムの開催など、活動を進めている。その成果に注目されたい。

第6章　新たなビジネス・インフラとしてのビジネスジェット

本章では、国際的にその重要性が広く認知され、積極的に活用されるなか、日本でも最近になってようやく注目されるようになってきたビジネスジェットについて取り上げ、その可能性を探る。

1　国際的な潮流

1　現代におけるビジネスジェットの重要性

情報化が進んだ現代において、ビジネスにおける時間価値はますます高まっている。それに伴い、移動手段の迅速性、融通性も極めて高度なものが求められるようになっている。こうした移動手段を適切に使いこなせるかどうかによって、実際に経営成績にも大きな違いが生じている。

そして、こうした情報社会に相応しいビジネスツールの一つになっているのがビジネスジェットである。

ビジネスジェットとは、主として商用目的の旅客のための自家用または有償のオウンユースの運航形態である。

ビジネスジェットは、今や国際ビジネスの展開にとって欠かすことのできないビジネス・インフラとして位置づけることができる。

また、ビジネスジェットの経済効果を考える際には、従来はビジネスジェットそのものの製造にかかわる市場のことが中心的に取り上げられてきた感が強い。それも重要であることは間違いないが、しかしながら、ビジネスジェットを利用して、企業活動がさらに効率的になり、それが生み出す経済効果の大きさが注目されるべきなのである。

しかし、日本ではビジネスジェットに対する社会的イメージがまだ低い。

それは、ビジネスジェットはプライベート・ジェットと同義的に使われ、単なる富裕層の道楽の手段としてみなされる傾向が強いからである。

航空政策上も、ビジネスジェットを長らく軽視してきた

ビジネスジェット

表6.1 ビジネスジェットを含む小型航空機（ジェネラルアビエーション機）の取扱い数

都市圏	空港名	GA機の取扱数（GA機／全取扱数）
東　京	羽田空港	2,266（1.3%）
	成田空港	2,126（2.2%）
ニューヨーク	J.F.ケネディ空港	4,311（2.0%）
	ニューアーク空港	6,368（2.9%）
	ラガーディア空港	5,433（2.9%）
	ティータボロ空港	86,669（99.8%）
	モーリスタウン空港	43,921（62.6%）
	ウェストチェスター空港	77,116（85.6%）
ロンドン	ヒースロー空港	2,690（1.1%）
	ガトウィック空港	3,674（2.8%）
	スタンテッド空港	8,082（8.4%）
	ルートン空港	15,628（26.5%）
	ビギンヒル空港	6,278（100%）
	ファンボロー空港	10,768（100%）
パ　リ	シャルルドゴール空港	4,321（1.7%）
	オルリー空港	1,925（1.7%）
	ルブルジェ空港	26,791（100%）
香　港	香港国際空港	7,013（5.6%）

注）数字は全て2008年のデータ。
GA（ジェネラルアビエーション）機には，ビジネスジェット以外に航空機使用事業機（報道，写真撮影）等を含む。

出所）『ビジネス・ジェットの推進に関する委員会　中間報告』平成23年より。

傾向があることも否めないだろう。それは、その背景に首都圏空港の発着枠の制約という問題があるからである。

ビジネスジェットの乗入れ先としては、当然ビジネスの中心地になるべく近いところが望ましいのは極めて当然のことであろう。しかし、日本の場合、羽田空港も成田空港も、最近に至るまで発着枠が不足している状況下で、定期航空便の配分を優先せざるを得ないという事情があった。それは公共性という観点と同時に、大量輸送、つまり大型機に優先的に配分することで、発着枠の利用の効率性が高まると考えられたからである。

しかし、羽田空港の第四滑走路がオープンし、成田空港の運用時間帯の拡大などで供給制約に一応の歯止めがかかった。また、二〇〇八年のリーマンショックの発生以降、急激に進められた航空業界のリストラのなかで、大型機から中小型機へのシフトが行われた結果、ビジネスジェットについても考慮の対象となってきたのである。

そして、ビジネスジェットが公的にも広く論議されるようになったのは、政府が打ち出した成長戦略のなかでビジネスジェットの推進が明記されたことがある。その結果、二〇一〇年末には国土交通省によってビジネスジェット推進委員会が立ち上げられ、その普及・推進についての方策について積極的な議論が行われてきた。

さて、ここでビジネスジェットのもたらす価値を改め

ビジネスジェットの機内の様子

てまとめておこう。

(1) 時間価値の最大化

自分の都合のいい時に目的地まで直接移動でき、時間を最大限有効に使うことができる。現代の経営においては、経営トップが適切な判断を下すことが極めて重要であり、そのためにも、経営陣は世界各地の状況を正確に把握し、また提携先や取引先との交渉にも自ら臨む必要性が高い。したがって、そうした経営活動を支えるために、ビジネスジェットは欠かすことのできないものとなっている。

事実、ビジネスジェットを日々の経営活動のなかで積極的に利用している企業と、そうでない企業の間には、具体的な数値として経営成績の差が生じている。

(2) 機動性の確保

定期路線が就航されていない場所に移動するには、ビジネスジェットの機動性は欠かせない。たとえば、アフリカのレアアースの買い付けにおいて、中国のビジネスパーソンはビジネスジェットを最大限活用しており、そのこともあって、日本とのアフリカ市場への進出度合いには大きな差が生じている。

(3) 信用力の付与

ビジネスジェットを利用できるということは、それだけの財務的余裕があることを対外的に示すことでもある。逆にいえば、資金集めなどの説明会を開催する際に、ビジネスジェットを利用しないことで、その企業の信用力に疑いがもたれたような事例も報告されている。

また、発着枠をビジネスジェットに配分するに際しては、発着枠の利用に対し費用対価を引き上げれば、枠の価値も高まるので経済的により効果的になる。ビジネスジェットを使用するにはそれだけの経済力があり、緊急性も高いであろうから支払いに抵抗感は少ないだろう。

とはいえ、料金を過度に引き上げれば、ビジネスジェット市場における国際力の向上は見込めない。そのためには、綿密な料金体系の検討が必要になる。

2 国際会議の開催条件の一つとしてのビジネスジェット利用の可能性

政府がインバウンドを中心に観光立国の推進を行っているが、そのなかの一つの項目としてMICE（Meeting, Incentive travel, Convention, Event / Exhibition: 会議観光）がある。これは、日本に国際会議の開催を誘致することで、経済効果を得ようというものである。国際会議が開催されれば、当該会場となるホテルなどの施設が宿泊、宴会、会議室の使用の面において収益を得るとともに、その施設周辺の経済も潤うことになる。つまり、経済波及効果が大きい。「観光立国推進基本計画」では、「今後五年以内に我が国における国際会議の開催件数を五割以上伸ばし、アジアにおける最大の開催国を目指す」との目標が掲げられている。(1)

しかし、会議の種類にもよるが、その規模が大きくなればなるほど、そしてその重要性が高まれ

表 6.2　MICE とは

Meeting	企業等のミーティング等。	(例) グループ企業の役員会議, 海外投資家向け金融セミナー等。
Incentive (Travel)	企業が従業員やその代理店等の表彰や研修等の目的で実施する旅行のこと。企業報奨・研修旅行とも呼ばれる。	(例) 営業成績の優秀者に対し, 本社役員によるレセプション, 表彰式等を行う。
Convention	国際団体, 学会, 協会が主催する総会, 学術会議等。	(例) APEC, 生物多様性条約第10回締約国会議 (COP10), 世界建築会議, 国際法曹協会年次総会等。
Event / Exhibition	文化, スポーツイベント, 展示会・見本市。	(例) 東京国際映画祭, 世界陸上競技選手権大会, アジアバスケットボールリーグ, 東京モーターショー, 国際宝飾展等。

出所) 『平成22年版観光白書』

表 6.3　国別・国際会議開催件数の推移

	平成14	平成15	平成16	平成17	平成18	平成19	平成20
アメリカ	1,168	1,582	1,713	1,039	894	1,114	1,079
フランス	703	829	850	590	634	598	797
シンガポール	142	142	172	177	298	466	637
日　本	235	280	285	168	166	448	575
スペイン	431	454	509	368	362	393	467
ドイツ	543	633	705	410	434	523	440
イタリア	437	605	556	386	324	414	413
英　国	493	555	552	386	350	327	349
韓　国	127	140	196	185	185	268	293
中　国(香港・マカオを含む)	187	167	347	216	204	255	278
日本(従来基準での数値)*						216	241

*平成19年に従来の国際会議の統計基準が緩和されているが,「観光立国推進基本計画」に定められた目標値に照らすとこのようになる。

出所) 『平成22年版観光白書』

ば、ＶＩＰの参加比率は高まり、それに伴いビジネスジェットの利用の必要性が強まることになる。したがって、会議場からのアクセスがよい空港、もしくは飛行場においてビジネスジェットが離発着できなければ、その会議場の競争力は格段に低下することになりかねない。事実、こうした事情もあって、アジアにおける国際会議の開催状況において、日本は、その経済的プレゼンスの大きさにもかかわらず、周辺諸国よりも競争力が高い状態にあるとはいえない。したがって、ＭＩＣＥを振興するためには、ビジネスジェットの振興も合わせて行っていかなければ、実質的な進展は今後あまり期待できないだろう。

（1）平成二〇年の日本の国際会議件数は、平成一九年の四四八件から五七五件と増加している。その結果、シンガポールの六三七件に次いでアジアでは二番目になり、世界でも五位から四位となった（『平成二一年版観光白書』）。

2　日本におけるビジネスジェット

［1］ビジネスジェットのハンドリング上の問題

ビジネスジェットの離発着に伴う法的、実務的取扱い（ハンドリング）の面においても日本ではさまざまな問題がある。

(1) 申請期間の問題

ビジネスジェットの乗入れに対しては、事前に当該政府に届け出る必要がある。また、どれくらいの時間駐機できるかということなども法的に定められている。

近年、ビジネスジェットをめぐるこうした規制はかなり緩和されてきたものの、依然としてビジネスジェット先進国と比べてみると、見劣りする部分がまだ多い。より機動的にビジネスジェットが利用できるように、規制を見直し、事前申請の期間をより短縮するなどの措置を講じていかなければならない。

(2) 入国管理の問題

入国管理（イミグレーション）を一般の旅客と同じ動線で通らなければならないという問題がある。次項ともかかわるが、特に経営トップには、その場所に来たことを一般に知られたくないという事情がある場合が多い。したがって、一般客の視線にさらされないように別ルートでの入国審査、税関審査を受けたい要望がある。

その最も理想的なかたちはビジネスジェット機内で入国審査、税関審査を済ませてしまうことである。少なくとも、ビジネスジェット専用ターミナルにおいて、入国審査、税関審査が行われる必要がある。

しかし、税関職員などが不足していることもあり、この点における改善は進んでいない。入国審査、税関審査の迅速化は、ビジネスジェットにかかわらず、国際化を進めていくためには欠かすことのできない取り組み事項である。また、国の玄関における対応の良し悪しは、その国のイメージをまずもってかたちづくる大きな要素となる。こうした体制の改善のために、より多くの予算が配分され、関係職員の増員を行うことが求められる。

(3) 私的車輌の立ち入り許可の問題

本来的なビジネスジェットの利用の場合には、ビジネスジェットが駐機する場所まで私的車輌が立ち入ることができ、利用者は直接その車輌に乗り込んで空港外へと出て行く。それによって移動時間の最小化が達成されるのだ。しかし、日本の場合には、上述のように、一般の航空利用者との間に、いわゆる「差別的待遇」をすることをよしとせず、保安上の問題もあげて、こうした私的車輌の空港内への進入に極めて厳しい制限を行っている。この規制をどこまで緩和していくことができるかどうかが、ビジネスジェットの普及に大きくかかわってくるだろう。

2 成田空港におけるビジネスジェットをめぐる現状

成田空港は、二〇一一年二月、空港施設内にビジネスジェット専用の施設を設けることを発表した。日本航空が保有した後、手放した旧オペレーションセンターの施設を利用するものである。ここは、高速道路の入口に近く、移動上利便性の高い場所に位置している。

東京都心までの高速アクセスとしては、現在森ビルが、千葉県佐倉から都心の保有ビルまでのヘリコプターによる輸送サービスを提供している。ヘリコプターの場合、一般的には有視界飛行となるために、天候に大きく左右されるという問題が残る。そこで、今は就航率の向上を図るための技術対策に取り組んでいるところである。

成田空港から佐倉までの移動において、ビジネスジェット専用ターミナルからの動線はかなり便利なものとなったが、それでも佐倉まで移動しなければならないという制約は残る。この点、都心でのビジネス需要がやはり最も大きいであろうと考えれば、都心までのアクセスをさらに向上させるにはどうすべきであるかを追及し続けていかなければならない。

また、運用時間帯のさらなる拡大も必要である。これはビジネスジェットに限ったものではないが、日本の国際空港の基幹として機能するためには、やはり二四時間運用は欠かせない用件である。確かに、これまでの成田空港をめぐる歴史的経緯をふまえれば、住民との調整の面で難しいことではあろうが、ちょうど羽田空港の国際化の推進によって成田地域の危機感が高まっている今こそ、これまでにない改善のための環境が到来している。実際に、羽田の国際化を気運として、従来非常に停滞していた運用時間帯の拡大交渉が一気に進展し、発着枠も二二万回から三〇万回へと大幅に増加させることが可能になったのである。この方向性が今後も続いていくことが期待される。

3　羽田空港におけるビジネスジェットをめぐる現状

ビジネスジェットの乗入れ需要が最も高いのは、やはり都心に近い羽田空港である。羽田の拡張に

表 6.4　経済規模とビジネスジェット機（含ターボプロップ機）保有数

国　名	GDP（億ドル）	ビジネス・ジェット機保有数（機）	国土面積（千km²）
米　国	13,195	15,663	9,629.091
カナダ	1,275	766	9,984.670
メキシコ	840	635	1,972.550
ブラジル	1,068	615	8,511.965
ドイツ	2,916	452	357.021
英　国	2,399	356	244.820
ベネズエラ	182	337	912.050
南アフリカ	255	325	1,219.912
オーストラリア	756	297	7,686.850
フランス	2,252	236	547.030
スイス	388	217	41.290
コロンビア	136	171	1,138.910
日　本	4,366	63	377.835

出所）国土交通省航空局『ビジネスジェットの利用促進調査　報告書』平成20年３月，11ページ。

伴い、発着枠の配分の見直しを行う余地が出ている。近年、再び発着枠が飽和状態に至ることが予測されているが、そうなる前に、ビジネスジェットが利用できるよう、その先便をつけておく必要がある。

現状においても、すでに羽田空港の一部がビジネスジェットのハンドリングのために活用されている。そこを拡張整備することによって、羽田空港でも積極的にビジネスジェットを受け入れていかないと、政府が目標としているＭＩＣＥなどの振興、ひいては日本経済の新たな展開に対する展望は開かない。

４　諸外国におけるビジネスジェットをめぐる現状

米国を中心にビジネスジェットは広範に利用されている。日本との間でその保有数の違いをみれば、ビジネスジェットをめぐる国家的なスタンスの違いが明らかであろう。

特に注目すべきは、近年成長著しい中国である。保有数の増加を政府が後押ししており、保有数は二〇〇八年の約九〇〇機から、今後二〇一七年までに五〇〇〇機に増加する見込みである。日本は中国に対しても、ビジネスジェットの普及という面では相当遅れをとっているといわざるをえない。また、すでに指摘したように、中国のビジネスパーソンは、アフリカのレアアースの買い付けなどに積極的にビジネスジェットを利用し行動しているのである。こうした遅れが広く国民に認識され、ビジネスジェットの早急な普及に向けた政策に対する国民的理解を得るためにも、ビジネスジェットをめぐる国際的状況について、より活発に広報する必要がある。

あとがき

東日本大震災を通してみえてきた交通にかかわる問題を、この時点で明確に抑えておくことは極めて重要である。そして、それを従来からの論点に結合させ、時代の要請に見合った交通体系を効率的・効果的に創造していかなければならない。

そうしたなか提出された交通基本法案はそれに見合うものであろうか。読者の皆様のご見解を問いたい。

また、今回は航空について取り上げた。航空を考えることを通して、われわれは国内外において経済・社会のあり方をすかしみることができる。これをきっかけに航空の社会的意義とそのあるべき姿について関心を高めていただければ幸いです。

大変遅ればせながらも、本書が日の目を見ることができたのも、学文社のご尽力によるものである。毎回のことながら、この場を借りて深く感謝申し上げたい。

二〇一一年五月

戸崎　肇

交通基本法案

（二〇一一年三月八日、閣議決定）

第1章　総則

（目的）

第1条　この法律は、交通に関する施策について、基本理念及びその実現を図るのに基本となる事項を定め、並びに国、地方公共団体、交通関連事業者、交通施設管理者及び国民の責務を明らかにすることにより、交通安全対策基本法（昭和45年法律第一一〇号）と相まって、交通に関する施策を総合的かつ計画的に推進し、もって国民生活の安定向上及び国民経済の健全な発展を図ることを目的とする。

（国民等の交通に対する基本的な需要の充足）

第2条　交通は、国民の自立した日常生活及び社会生活の確保、活発な地域間交流及び国際交流並びに物資の円滑な流通を実現する機能を有するものであり、国民生活の安定向上及び国民経済の健全な発展を図るために欠くことのできないものであることに鑑み、将来にわたって、その機能が十分に発揮されることにより、国民その他の者（以下「国民等」という。）の交通に対する基本的な需要が適切に充足されなければならない。

（交通の機能の確保及び向上）

第3条　交通に関する施策の推進は、交通が、国民の日常生活又は社会生活の基盤であること、国民の社会経済活動への積極的な参加に際して重要な役割を担っていること及び経済活動の基盤であることに鑑み、我が国における近年の急速な少子高齢化の進展その他の社会経済情勢の変化に対応しつつ、交通が、豊かな国民生活の実現に寄与するとともに、我が国の産業、観光等の国際競争力の強化及び地域経済の活性化その他地域の活力の向上に寄与するものとなるよう、その機能の確保及び向上が図られることを旨として行なわれなければならない。

（交通による環境への負荷の低減）

第4条　交通に関する施策の推進は、環境を健全で恵み豊かなものとして維持することが人間の健康で文化的な生活に欠くことのできないものであること及び交通が環境に与える影響に鑑み、将来にわたって、国民が健全で恵み豊かな環境の恵沢を享受することができるよう、交通による環境への負荷の低減が図られることを旨として行われなければならない。

（交通の適切な役割分担及び有機的かつ効率的な連携）

第5条　交通に関する施策の推進は、徒歩、自転車、自動車、鉄道車両、船舶、航空機その他の手段による交通が、交通手段（交通施設及び輸送サービスを含む。以下同じ。）の選択に係る競争及び国民等の自由な選好を踏まえつつそれぞれの特性に応じて適切に役割を分担し、かつ、有機的かつ効率的に連携することを旨として行われなければならない。

（連携等による施策の推進）

第6条 交通に関する施策の推進は、まちづくり、観光立国の実現その他の観点を踏まえ、当該施策相互間の連携及びこれと関連する施策との連携を図りながら、国、地方公共団体、運輸事業その他交通に関する事業を行う者（以下「交通関連事業者」という。）、交通施設の管理を行う者（以下「交通施設管理者」という。）、住民その他の関係者が連携し、及び協働しつつ、行われなければならない。

（交通の安全の確保）

第7条 交通の安全の確保に関する施策については、交通安全対策基本法その他の関係法律で定めるところによる。

2 交通に関する施策の推進に当たっては、前項に定めるところにより行われる交通の安全の確保に関する施策とその他の施策との十分な連携が確保されなければならない。

（国の責務）

第8条 国は、第2条から第6条までに定める交通に関する施策についての基本理念（以下「基本理念」という。）にのっとり、交通に関する施策を総合的に策定し、及び実施する責務を有する。

2 国は、情報の提供その他の活動を通じて、基本理念に関する国民の理解を深め、かつ、その協力を得るよう努めなければならない。

（地方公共団体の責務）

第9条 地方公共団体は、基本理念にのっとり、交通に関し、国との適切な役割分担を踏まえて、その地方公共団体の区域の自然的経済的社会的諸条件に応じた施策を策定し、及び実施する責務を有する。

2 地方公共団体は、情報の提供その他の活動を通じて、基本理念に関する住民の理解を深め、かつ、その協力を得るよう努めなければならない。

（交通関連事業者及び交通施設管理者の責務）

第10条 交通関連事業者及び交通施設管理者は、基本理念の実現に重要な役割を有していることに鑑み、その業務を適切に行うよう努めるとともに、国又は地方公共団体が実施する交通に関する施策に協力するよう努めるものとする。

2 前項に定めるもののほか、交通関連事業者及び交通施設管理者は、基本理念にのっとり、その業務を行うに当たっては、当該業務に係る正確かつ適切な情報の提供に努めるものとする。

（国民の責務）

第11条 国民は、基本理念についての理解を深め、その実現に向けて自ら取り組むことができる活動に主体的に取り組むよう努めるとともに、国又は地方公共団体が実施する交通に関する施策に協力するよう努めるものとする。

（関係者の連携及び協力）
第12条　国、地方公共団体、交通関連事業者、交通施設管理者、住民その他の関係者は、基本理念の実現に向けて、相互に連携を図りながら協力するよう努めるものとする。
（法制上の措置）
第13条　政府は、交通に関する施策を実施するため必要な法制上又は財政上の措置その他の措置を講じなければならない。
（年次報告等）
第14条　政府は、毎年、国会に、交通の動向及び政府が交通に関して講じた施策に関する報告を提出しなければならない。
2　政府は、毎年、前項の報告に係る交通の動向を考慮して講じようとする施策を明らかにした文書を作成し、これを国会に提出しなければならない。

第2章　交通に関する基本的施策

第1節　交通基本計画

第15条　政府は、交通に関する施策の総合的かつ計画的な推進を図るため、交通に関する施策に関する基本的な計画（以下この条において「交通基本計画」という。）を定めなければならない。
2　交通基本計画は、次に掲げる事項について定めるものとする。
一　交通に関する施策についての基本的な方針
二　交通に関する施策についての目標
三　交通に関し、政府が総合的かつ計画的に講ずべき施策
四　前三号に掲げるもののほか、交通に関する施策を総合的かつ計画的に推進するために必要な事項
3　交通基本計画は、国土の総合的な利用、整備及び保全に関する国の計画並びに環境の保全に関する国の基本的な計画との調和が保たれたものでなければならない。
4　内閣総理大臣、経済産業大臣及び国土交通大臣は、交通基本計画の案を作成し、閣議の決定を求めなければならない。
5　内閣総理大臣、経済産業大臣及び国土交通大臣は、前項の規定により基本計画の案を作成しようとするときは、あらかじめ、環境の保全の観点から、環境大臣に協議しなければならない。
6　政府は、交通基本計画を定めたときは、遅滞なく、これを国会に報告するとともに、公表しなければならない。
7　前三項の規定は、交通基本計画の変更について準用する。

第2節　国の施策

（日常生活等に必要不可欠な交通手段の確保等）
第16条　国は、国民等が日常生活及び社会生活を営むに当たって必要不可欠な通勤、通学、通院その他の人又

は物の移動を円滑に行うことができるようにするため、離島に係る交通事情その他地域における自然的経済的社会的諸条件に配慮しつつ、交通手段の確保その他必要な施策を講ずるものとする。

（高齢者、障害者等の円滑な移動のための施策）

第17条　国は、高齢者又は障害者で日常生活又は社会生活に身体の機能上の制限を受けるものその他日常生活又は社会生活に身体の機能上の制限を受ける者が日常生活及び社会生活を営むに当たり円滑に移動することができるようにするため、自動車、鉄道車両、船舶及び航空機、旅客施設、道路並びに駐車場に係る構造及び設備の改善の推進その他必要な施策を講ずるものとする。

（交通の利便性向上、円滑化及び効率化）

第18条　国は、前2条に定めるもののほか、国民等の日常生活又は社会生活における交通に対する基本的な需要が適切に充足されるようにするため、定時性の確保（設定された発着時刻に従って運行することをいう。）、速達性の向上（目的地に到着するまでに要する時間を短縮することをいう。）、快適性の確保、乗継ぎの円滑化その他交通結節機能の高度化（交通施設及びその周辺の施設における相当数の人の移動について、複数の交通手段の間を結節する機能を高度化することをいう。）、輸送の合理化その他の交通の利便性の向上、円滑化及び効率化のために必要な施策を講ずるものとする。

（国際競争力の強化及び地域の活力の向上に必要な施策）

第19条　国は、我が国の産業、観光等の国際競争力の強化及び地域の活力の向上を図るため、国内交通網の形成、国際輸送網及び輸送に関する拠点の形成その他必要な施策を講ずるものとする。

（交通に係る環境負荷の低減に必要な施策）

第20条　国は、交通に係る温室効果ガスの排出の抑制、大気汚染、海洋汚染及び騒音の防止その他交通による環境への負荷の低減を図るため、温室効果ガスその他環境への負荷の原因となる物質の排出の抑制に資する自動車その他の輸出用機械器具の開発、普及及び適切な使用の促進並びに交通の円滑化の推進、鉄道及び船舶による貨物輸送への転換その他の物の移動の効率化の促進、公共交通機関の利用者の利便の増進、船舶からの海洋への廃棄物の排出の防止、航空機の騒音により生ずる障害の防止その他必要な施策を講ずるものとする。

（総合的な交通体系の整備等）

第21条　国は、徒歩、自転車、自動車、鉄道車両、船舶、航空機その他の手段による交通が、それぞれの特性に応じて適切に役割を分担し、かつ、有機的かつ効率的な交通網を形成することが必要であることを踏まえつつ、道路交通、鉄道交通、海上交通及び航空交通の間における連携並びに公共交通機関相互間の連携の強化の促進その他の総合的な交通体系の整備を図るために必要な施策を講ずるものとする。

2　国は、交通に係る需要の動向その他の事情に配慮しつつ、前項に規定する連携の下に、交通手段の整備を重点的、効果的かつ効率的に推進するために必要な施策を講ずるものとする。

（まちづくりの観点からの施策の促進）

第22条　国は、地方公共団体による交通に関する施策が、まちづくりの観点から、土地利用その他の事項に関する総合的な計画を踏まえ、国、交通関連事業者、交通施設管理者、住民その他の関係者との連携及び協力の下に推進されるよう、必要な措置を講ずるものとする。この場合においては、当該連携及び協力が、住民その他の者の交通に対する需要その他の事情に配慮されたものとなるように努めるものとする。

（観光立国の実現の観点からの施策の推進）

第23条　国は、観光立国の実現が、我が国経済社会の発展のために極めて重要であるとともに、観光旅客の往来の促進が、地域間交流及び国際交流の拡大を通じて、国民生活の安定向上及び国民経済の健全な発展を図り、並びに国際相互理解の増進に寄与することに鑑み、観光旅客の円滑な往来に必要な交通手段の提供の推進、自動車、鉄道車両、船舶及び航空機、旅客施設並びに道路に係る外国語その他の方法による外国人観光客に対する情報の提供の推進その他の交通に関する観光旅客の往来の促進に必要な施策を講ずるものとする。

（協議の促進等）

第24条　国は、国、地方公共団体、交通関連事業者、交通施設管理者、住民その他の関係者が相互に連携と協働を図ることにより、交通に関する施策の効果的な推進が図られることに鑑み、これらの者の間における協議の促進その他の関係者相互間の連携と協働を促進するために必要な施策を講ずるものとする。

（技術の開発及び普及）

第25条　国は、交通に関する技術の研究開発及び普及の効果的な推進を図るため、これらの技術の研究開発の目標の明確化、国及び独立行政法人の試験研究機関、大学、民間その他の研究開発を行う者の間の連携の強化、基本理念の実現に資する技術を活用した交通手段の導入の促進その他必要な施策を講ずるものとする。

（国際的な連携の確保及び国際協力の推進）

第26条　国は、交通に関する施策を国際的協調の下で推進することの重要性に鑑み、交通に関し、国際的な規格の標準化その他の国際的な連携の確保及び開発途上地域に対する技術協力その他の国際協力を推進するため、必要な施策を講ずるものとする。

（国民等の立場に立った施策の実施のための措置）

第27条　国は、国民等の立場に立って、その意見を踏まえつつ交通に関する施策を講ずるため、国民等の意見を反映させるために必要な措置その他の措置を講ずるものとする。

第3節　地方公共団体の施策

第28条　地方公共団体は、その地方公共団体の区域の自然的経済的社会的諸条件に応じた交通に関する施策を、まちづくりその他の観点を踏まえながら、当該施策相互間の連携及びこれと関連する施策との連携を図りつつ、総合的かつ計画的に実施するものとする。

附則　この法律は交付の日から施行する。

理由　交通は、国民の自立した日常生活及び社会生活の確保、活発な地域間交流及び国際交通並びに物資の円滑な流通を実現する機能を有するものであり、国民生活の安定向上及び国民経済の健全な発展を図るために欠くことのできないものであることに鑑み、交通に関する施策について、基本理念及びその実現を図るのに基本となる事項を定め、並びに国、地方公共団体、交通関連事業者、交通施設管理者及び国民の責務を明らかにすることにより、交通安全対策基本法と相まって、交通に関する施策を総合的かつ計画的に推進する必要がある。これが、この法律案を提出する理由である。

著者紹介

戸崎　肇

一九六三年大阪府に生まれる。一九八六年、京都大学経済学部卒業。同年、日本航空株式会社に入社。この間、京都大学大学院に学び、一九九五年、博士号（経済学）を取得。同年、帝京大学経済学部専任講師。同大助教授を経て、一九九九年、明治大学商学部助教授、二〇〇三年同大教授となり、二〇〇八年より早稲田大学アジア研究機構教授、現在に至る。

専門は公共政策学、国際交通論。主な著書に『航空の規制緩和』（頸草書房）、『地域振興と航空政策』（芦書房）、『情報化時代の航空産業』（学文社）などがある。

航空産業とライフライン（規制緩和と交通権3）

二〇一一年九月二九日　第一版第一刷発行

●検印省略

著　者　戸崎　肇

発行所　株式会社　学文社

郵便番号　一五三―〇〇六四
東京都目黒区下目黒三―六―一
電　話　03（三七一五）一五〇一（代）
http://www.gakubunsha.com

発行者　田中千津子

乱丁・落丁の場合は本社でお取替します。
定価はカバー・売上カードに表示。

印刷所・㈱シナノ

Hajime Tozaki © 2011

ISBN978-4-7620-2212-8